福島哲夫 著
松尾陽子 シナリオ制作
神崎真理子 作画

マンガでやさしくわかる
公認心理師
Licensed Psychologist

日本能率協会マネジメントセンター

はじめに

　人が人の心の傷つきを癒したり、心の問題を解決することを支援するというのは、どういうことでしょうか?
　しかも、そんなことは可能なのでしょうか?
　そして、そのようなことを仕事として、国家資格をもって為すということが、果たして本当にできるのでしょうか?
　精神科医や心療内科医は薬を処方して、うつ病や統合失調症、心身症を治療しようとします。けれども公認心理師は薬なしでどのように、心の問題を解決するのでしょうか?

　このような問題に、できるだけわかりやすくアプローチしたのが本書です。しかも、公認心理師になるためにはどのような気持ちで、どのように臨んだらいいのかを、立場も年齢も経歴もまったく違う3人の女性に焦点を当てて描写・解説しました。

　上述のように、医師や福祉職と違って、公認心理師は「心で心を癒す」「人と人との関係で心を癒す」専門職です。公認心理師は医師ではありませんので、診断したり薬を処方したりはしません。また、福祉職ではありませんので、行政や公的扶助金などの「制度で人を助ける」ことについては、あまり得意ではありません。
　ですので、公認心理師は「自分の心を使って、心を癒す」「問題に対して一緒に真摯な態度で共有することで、これまでとは違った気持ちになってもらう」「新しい認識と感情で問題に立ち向かってもらうのを支援する」という、実にあいまいで外側からは分かりにくい仕事となります。
　そのためには、本書でも扱われているように、常に自分を振り返り、身近で日常的なところから自分を磨き続ける必要があります。けれど

も、この「自らを振り返りつつ、生涯学び続ける」ことこそが、楽しくやりがいのある仕事なのです。

公認心理師は同様の「心の専門職」である臨床心理士（民間の認定資格）とはどう違うのでしょうか？まず公認心理師は国家資格であり、大学院を出るだけで受験資格が取れる臨床心理士と違って、大学1年生（現任者を除く）から心理学を学んで、ほとんどの場合は大学院に行かないといけないという、原則6年間の専門教育を受けて初めて受験資格が発生するという点です。この専門教育の長さは、医師や薬剤師と同等のものです。

そしてこのような国家資格を持ったなら、この資格そのものも資格保有者も国民全体から信頼される必要があります。例えば心臓が急に苦しくなった時に、医師への受診をためらう人はあまりいないと思います。医療機関以外の（つまり医師以外の）人に診てもらおうかと迷う人は、現代の日本にはあまりいないでしょう。

このことと同様に「心がとても痛む」「心の傷が癒えない」という時に、迷わず公認心理師のもとを訪ねてもらえるようになりたいものです。そして、そのような社会こそ誰もが生きやすい社会になっていくと考えます。

あなたも、ぜひ本書を手に取って、「本当にお役に立てる」公認心理師を目指してください。

大妻女子大学教授／成城カウンセリングオフィス所長
福島哲夫（公認心理師・臨床心理士）

CONTENTS

はじめに …………………………………………………………………… 3

PART 1 公認心理師としての職責の自覚 ………… 13

Story1 公認心理師受験?! ………………………………………… 14

Column 公認心理師って誰でもなれるの？
どんな人がなるといいの？ …………………………… 23

1-1 公認心理師の役割 ……………………………………… 24
(1) 公認心理師の基本的な職務と職責 ……………………… 25
(2) プロフェッショナル（専門家）とは ………………… 27
(3) 科学者─実践家モデル（scientist-practitioner model）… 27

1-2 公認心理師の法的義務と倫理 ……………………… 29
(1) 法的義務（公認心理師法に明記されている義務）……… 29
(2) 職業倫理 ……………………………………………… 31

1-3 要支援者の安全の確保と
クライエント中心の視点 ………………………… 33

1-4 情報の適切な取り扱い ………………………………… 34

1-5 各領域における公認心理師の具体的な業務と
多職種連携 ……………………………………… 35
(1) 保健医療分野 …………………………………………… 35
(2) 福祉分野 ………………………………………………… 35

5

（3）教育分野 ……………………………………………… 36

（4）司法・矯正分野 ……………………………………… 37

（5）産業・労働分野 ……………………………………… 38

（6）医師の指示と連携 …………………………………… 39

（7）地域連携 ……………………………………………… 40

2 問題解決能力と生涯学習 …………………………… 42

・ 反省的実践家と技術的熟達者 ………………………… 42

PART2 心理学・臨床心理学の全体像 …… 45

Story2 チーム医療 ……………………………………………… 46

Column 公認心理師試験って誰でも受けられるの？ ……… 57

2-1 心理学の成り立ち ……………………………………… 58

2-2 心理学のいくつかの立場 …………………………… 59

（1）ゲシュタルト心理学 ………………………………… 59

（2）行動主義心理学 ……………………………………… 59

（3）深層心理学（精神分析学） ………………………… 59

（4）個人差研究 …………………………………………… 60

（5）近年の心理学 ………………………………………… 61

2-3 臨床心理学の成り立ち ……………………………… 62

（1）臨床心理学とは ……………………………………… 62

（2）臨床心理学の誕生 …………………………………… 62

（3）臨床心理学の主な領域とカウンセリング心理学 ……… 63

6

2-4 臨床心理学の代表的な理論 ·········· 64

(1) 意識と無意識、自我と超自我 ·········· 64

(2) 自己概念 ·········· 65

(3) 認知（情報処理）し行動する人としての理論 ·········· 66

(4) 心の理論 ·········· 68

受験資格取得ルート ·········· 70

PART 3 心理学における実証的研究と統計法、研究倫理 ·········· 71

Story3　心美の反発 ·········· 72

Column　大学の心理学コースを出たら？ ·········· 83

3-1 心理学における研究方法 ·········· 84

(1) 調査法（質問紙法） ·········· 84

(2) 実験法 ·········· 85

(3) 観察法 ·········· 86

(4) 面接法 ·········· 86

(5) 実践研究・事例研究 ·········· 87

(6) 臨床研究 ·········· 88

3-2 研究に際しての倫理 ·········· 89

3-3 統計法 ·········· 90

(1) 記述統計 ·········· 90

(2) 推測統計 ·········· 91

3-4 知覚および認知の心理学 ············ 94

3-5 学習の心理学 ···················· 96

3-6 言語の心理学 ···················· 98

3-7 感情の心理学 ···················· 99
- 感情の基礎と理論 ···················· 99

3-8 人格（パーソナリティ）の心理学 ············ 101

PART4 脳神経の働き、社会心理学、発達心理学、障害児（者）の心理学 ··· 103

Story4 苦手の克服 ···················· 104

Column 心理学って文系なの？理系なの？ ············ 119

4-1 脳神経の働き ···················· 120
- （1）自律神経系の機能 ···················· 120
- （2）脳神経 ···················· 121
- （3）ニューロンと神経伝達物質 ···················· 121
- （4）脳の構造とその機能 ···················· 122
- （5）高次脳機能障害と認知症 ···················· 123

4-2 社会心理学・集団心理学 ···················· 125
- （1）自己と対人関係 ···················· 125
- （2）集団心理学―リーダーシップと集団思考― ············ 126

4-3 発達心理学 ·· 128

(1) 愛着（アタッチメント）理論 ················· 128

(2) ピアジェの認知発達理論 ······················ 128

(3) エリクソンの発達段階 ·························· 129

4-4 障害児（者）の心理学 ················· 132

実際の公認心理師試験について ···································· 134

PART 5 心理状態の分析と支援、健康・医療に関する心理学 ··· 135

Story5 心美の真実（トラウマ） ································ 136

Column 公認心理師に必要な心の鍛錬とは？
——喜怒哀楽とともにトラブルを乗り越えていく力—— ······· 151

5-1 心理アセスメント ································· 152

(1) 観察で明らかにすること ···················· 152

(2) 関与しながらの観察 ·························· 153

(3) 面接で明らかにすること ···················· 154

(4) 心理検査で明らかにすること ················ 154

5-2 心理学的支援と心理療法 ············ 156

(1) 精神分析 ·· 157

(2) 分析心理学（ユング派） ···················· 157

(3) 来談者中心療法 ································· 158

(4) 遊戯療法 ··· 159

(5) 集団療法（グループセラピー） ·············· 159

9

（6）家族療法 ……………………………………………… 160

（7）認知療法・認知行動療法 ……………………………… 161

5-3 健康・医療に関する心理学 …………………………… 162

（1）ストレス対処（コーピング）………………………… 162

（2）心身症とその他の機能性身体症候群 ………………… 163

（3）生活習慣病とストレス ………………………………… 163

（4）医療機関における心理的問題 ………………………… 164

（5）がん患者への支援と終末期・緩和医療（緩和ケア）に伴う
　　心理支援 ………………………………………………… 164

（6）災害時のメンタルヘルス ……………………………… 165

（7）心理的応急処理（サイコロジカル・ファーストエイド）‥ 166

PART 6 福祉・教育・司法犯罪、産業組織に関する心理学 …… 167

Story6 言葉にする意味 ………………………………………… 168

Column 言葉にすること
　　　　──客観的に捉えること── ………………………… 185

6-1 福祉心理学 ……………………………………………… 186

（1）心理的支援が必要とされる範囲 ……………………… 186

（2）児童福祉分野（児童虐待に関する虐待被害者と周辺への支援）
　　 ………………………………………………………………… 187

（3）障害者福祉分野（知的、身体、精神、発達）………… 189

（4）認知的高齢者と高齢者（介護）関係者への支援 ……… 190

6-2 教育現場において必要な支援 ··············· 191
(1) 学校不適応 ·· 191
(2) 不登校 ·· 191
(3) いじめ ·· 192

6-3 犯罪心理学（司法心理学）··············· 194
(1) 少年事件や刑事事件における心理専門職の役割······· 194
(2) 司法・犯罪分野における支援 ····························· 195

6-4 産業・組織心理学（職場における問題への）支援 196
(1) メンタルヘルス不調者へのアセスメント ·············· 196
(2) 復職支援（リワーク）··································· 197
(3) キャリアに関わる相談（キャリアコンサルティング）· 197
(4) 人事／管理職へのコンサルテーション ·············· 198
(5) メンタルヘルスに関わる教育・研修 ·················· 198

6-5 組織心理学 ··· 199
(1) 動機づけ（ワークモチベーション）·············· 199
(2) コミュニケーション ····································· 199

ブループリント（公認心理師試験設計表）············· 202

PART 7 人体の構造と機能・疾病、精神疾患とその治療、公認心理師に関係する制度、心の健康教育···203

Story7 そして、試験本番 ································· 204

Column 医療でも福祉でも教育でもない、心理学独自の支援
——そして終わりなき学び ································· 219

7-1 心身機能と身体構造およびさまざまな疾病や障害 220

(1) 身体機能の調節 ································· 220

(2) 循環器（心臓・血管）························· 223

(3) 呼吸器（肺・気管支）························· 224

(4) 消化器系（消化管、肝臓・胆嚢・膵臓）········· 224

(5) 神経 ··· 224

(6) 腎・泌尿器 ··································· 225

7-2 代表的な精神疾患 ··························· 226

(1) 統合失調症 ··································· 226

(2) 気分障害 ····································· 226

(3) アルコールによる精神障害 ····················· 227

(4) てんかん ····································· 227

(5) パーソナリティ障害 ··························· 227

(6) 摂食障害 ····································· 227

(7) 自閉症スペクトラム障害 ······················· 228

7-3 法と諸制度 ······························· 229

(1) 司法犯罪分野に関する法 ······················· 229

(2) その他、公認心理師に関連の深い法律と制度 ······· 233

7-4 心の健康教育に関する理論と実践 ··········· 236

PART 1
公認心理師としての職責の自覚

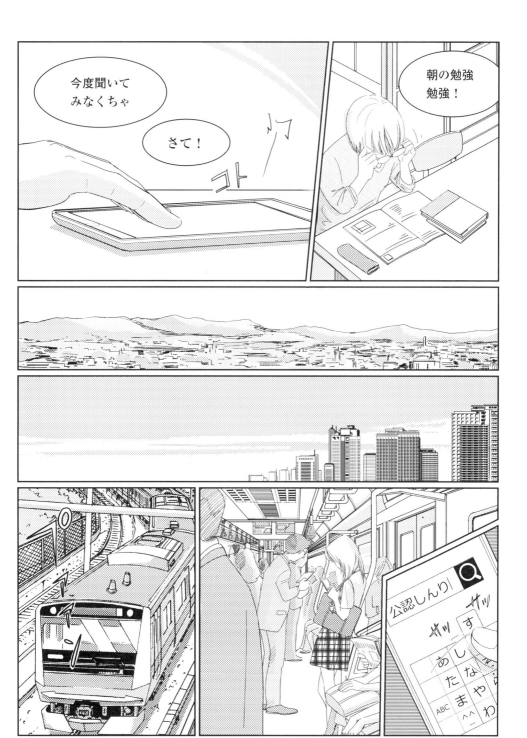

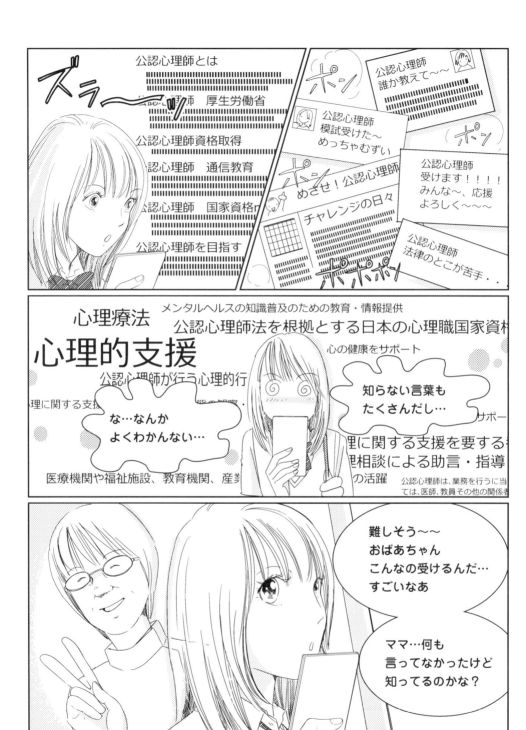

Column 公認心理師って誰でもなれるの？どんな人がなるといいの？

　基本的には、「いろいろな人の心の苦しみを和らげるお手伝いをしたい」という気持ちがあるならなれます。ただし、そのための勉強がかなり大変ですので「勉強は大っ嫌い！」という人にはお勧めできません。「手足を動かして人を助けるのは好きだけれど、勉強はちょっと…」という人は、心理学以外の対人援助や医療職・福祉職を目指すのがいいかもしれません。反対に、公認心理師に向いているのは「手足を動かしてというのはちょっと苦手だけれど、いっぱいいっぱい考えて、その人に一番合った解決法を、短め・控えめに伝えるのが好き」という人にピッタリの専門職です。
　公認心理師は「お金(公的扶助金)も、介助も、移動のお手伝いなども一切せずに、心と頭だけで支援する」という援助職なのです。だから、勉強はたくさんしなくてはいけません。かといって教師の仕事のように「たくさん話して、教える」という必要はありません。むしろ多弁すぎると心の支援のお役には立てないことがあるので「控えめなアドバイス」が大切です。そのためには勉強だけではなく、「自分の心を磨く」という独特の鍛錬が必要です。
　これを読んで「それならやめた！」と思うでしょうか？
　それとも「そんな仕事を求めてた！」と感じるでしょうか？

1-1 公認心理師の役割

　公認心理師（以下、単に「心理師」とも表記します）とは、2017年に制定されて2018年に第 1 回国家試験が実施された、心理学系の資格としては初めての、新しい国家資格です。

　では、公認心理師とはどのような専門資格なのでしょうか。まずは、公認心理師法という法律を見ながらその役割や職務について解説していきましょう。

> **公認心理師法**
> **（目的）**
> **第 1 条**　この法律は、公認心理師の資格を定めて、その業務の適正を図り、もって国民の心の健康の保持増進に寄与することを目的とする。
>
> **（名称の使用制限）**
> **第44条**　公認心理師でない者は、公認心理師という名称を使用してはならない。
> **2**　前項に規定するもののほか、公認心理師でない者は、その名称中に心理師という文字を用いてはならない。

　公認心理師法 1 条によれば、公認心理師は、その適正な業務の中で国民の心の健康の保持増進に寄与しなければならないとされています。また、44条では公認心理師でない者が「公認心理師」を名乗ることや、名称に「心理師」の文字を使用することを禁止しています。これは「業務独占ではなく名称独占」の法定といい、同様の業務を他の資

格を持った専門家が行うことはあるものの、この法律の定めに従って資格を取得した者でなければ「心理師」という名称を使うことは許されないことを意味します。

（1）公認心理師の基本的な職務と職責

では、公認心理師法1条における公認心理師の「国民の心の健康の保持増進に寄与する」という目的は、どのような行為を通じて果たされるべきなのでしょうか。次の2条を見てみましょう（傍線は筆者による）。

（定義）

第2条　この法律において「公認心理師」とは、第28条の登録を受け、公認心理師の名称を用いて、保健医療、福祉、教育その他の分野において、心理学に関する専門的知識及び技術をもって、<u>次に掲げる行為を行うことを業とする者</u>をいう。

一　心理に関する支援を要する者の心理状態を観察し、その結果を分析すること。

二　心理に関する支援を要する者に対し、その心理に関する相談に応じ、助言、指導その他の援助を行うこと。

三　心理に関する支援を要する者の関係者に対し、その相談に応じ、助言、指導その他の援助を行うこと。

四　心の健康に関する知識の普及を図るための教育及び情報の提供を行うこと。

「業として行う行為」の概要については、それぞれ以下で解説します。

① 心理に関する支援を要する者の心理状態を観察し、その結果を分析すること

　これは、単なる行動観察ではありません。例えば人の瞬（まばた）きが、単なる「瞬き」なのか、あるいは誰かに向けての「ウィンク」なのかの違いを捉えることに似ています。本人の意図や文脈、周囲の（対人的なものも含めての）環境との相互性を、いかに正確に観察し、それを一連の文脈として理解・分析できるかということが大切なのです。

　サリヴァン（Harry Stack Sullivan）は「関与しながらの観察」という言葉でこのことの本質を言い表しています。これは、クライエントの苦悩や葛藤に共感的理解を示す「関与」をしながら、クライエントの表情や態度、状況を客観的に「観察」する態度のことです。

② 心理に関する支援を要する者に対し、その心理に関する相談に応じ、助言、指導その他の援助を行うこと

　この「相談」と「助言」「指導」は、共感的で丁寧な聴き取りを含む、ゆっくりとした柔軟なものです。上記①の観察と分析による正確な見立て（アセスメント）を踏まえた、真にクライエントの役に立つ「助言」「指導」のことを指します。

③ 心理に関する支援を要する者の関係者に対し、その相談に応じ、助言、指導その他の援助を行うこと

　これも上記②と同様、共感と見立てを踏まえた、柔軟に調整されたものでなくてはなりません。なお、ここでの「関係者」には家族や近隣の人だけでなく他職種の専門家も含まれており、こうした関係者への「コンサルテーション」も公認心理師の責務となります。

④ 心の健康に関する知識の普及を図るための教育および情報の提供を行うこと

　今後、職場や地域社会、その他の場面で広く心の健康教育を担うべき期待と責任を負っているのが公認心理師です。すぐに思いつくテー

マだけでも、「心身の機能の発達と心の健康」「ストレス対処」「リラクセーションや相談」「子どもの不登校・暴力・いじめ」「心の病と予防」「自殺予防」「事故・災害時の心のストレス」等々、非常に幅広いものとなります。

（2）プロフェッショナル（専門家）とは

　人が人の心理に関する支援を行おうとするとき、必然的に支援者は相手の極めてプライベートな領域に立ち入ることになります。その意味で、公認心理師は自らの欲望や権威・権力に対して自覚的であることが強く求められることになります。この点について、金沢吉展氏は専門職として認められるための要件を[1]表1-1のようにまとめています。

その業務に関する一般的原理が確立されており、体系的知識・技能を有している
その理論的知識に基づいた体系的な知識・技術の習得に長期間の高度な訓練を要する
免許資格制度が採用されている
仕事へのコミットメントが強く、私利私欲ではなく公共の利益促進を目標としている
職業全体（あるいは職能団体）としての倫理規範をもち、それを遵守する
その職業集団（あるいは職能集団）に属する人々の訓練や行動を集団内でコントロールする自律機能を有している

表1-1 専門職と認められるための要件

（3）科学者—実践家モデル（scientist-practitioner model）

　「科学者—実践家モデル」とは、心理師は実践家（practitioner）であるだけでなく、科学者（scientist）でもあることが必要だという考え方です。公認心理師には、直接人と会って専門的な対人援助をする実務家としての側面と、対象となるクライエントやその状況を専門知識に照らし合わせて最適なサービスを検討する理論家（科学者）とし

ての側面があります。通常は前者が注目されがちですが、他の対人援助サービスの専門家との差別化という意味においては、「科学者として研究活動も行える」という後者の側面の方が重要であるともいえます。

ただし、その際に大切なことは、すでに十分に実証された**エビデンス**（証拠・実証的根拠）に縛られるのではなく、そのようなエビデンスを十分に参照しながら、目の前のクライエントに最適なサービスを取捨選択するというのが、科学者としての実践家のあるべき態度であるという点です。「エビデンスベースト」には、原田隆之氏が明らかにしているように[2]、数字だけを重視して人間性を軽視した方法ではなく、「クライエントのナラティブ（語り・物語）」を丹念に聞き、それを尊重しながら、科学的なエビデンスを適用するということが含まれています。したがって、いくらエビデンスのある治療技法であっても、それがクライエントの価値観や好みに合致しないのであれば、それを押し付けるようなことがあってはならないのです。

PART
1

公認心理師としての職責の自覚

1-2 公認心理師の 法的義務と倫理

　心理師には、その職務の性格から、法律上の義務と職業倫理上の要請の２種類のルールが課せられているといえます。以下で簡単に説明しましょう。

（１）法的義務（公認心理師法に明記されている義務）

　公認心理師法（以下、単に「法」とします）にはさまざまな規定があり、中には国家資格である心理師として守るべき義務も定められています（**表1-2**）。こうした義務は法の４章に「義務等」として示されていますが、特に41条の秘密保持義務は、罰則を伴う重要な規定となっています。

① 信用失墜行為の禁止（法40条）

　「信用失墜行為の禁止」はもともと公務員に対して定められていた禁止事項ですが、心理師の関連職種である社会福祉士・介護福祉士（社会福祉士及び介護福祉士法45条）や精神保健福祉士（精神保健福祉士法32条）など、さまざまな職種に定められています。

　この信用失墜行為が具体的に何を指すのかは法律上に明記されていませんが、心理師は、業務上のみならず私生活においても、社会人として、また一個人として、自己の行動には十分に注意し、種々の法律を守り、常識ある行動をとらなくてはならないことが読み取れます。

29

② 秘密保持義務（法41条）

　心理師には、秘密を守る義務が課せられています。この義務に違反すると「1年以下の懲役又は30万円以下の罰金」（法46条）という罰則の対象となり、さらには、文部科学大臣および厚生労働大臣による心理師の登録取消しなどの処分の対象となります。こうした規定から、秘密を守ることは心理師にとって極めて重要な義務であることがわかります。

表1-2　公認心理師の法的義務

	条文	罰則
信用失墜行為の禁止（40条）	「公認心理師は、公認心理師の信用を傷つけるような行為をしてはならない。」	
秘密保持義務（41条）	「公認心理師は、正当な理由がなく、その業務に関して知り得た人の秘密を漏らしてはならない。公認心理師でなくなった後においても、同様とする。」	「第41条の規定に違反した者は、1年以下の懲役又は30万円以下の罰金に処する。」（46条1項）「前項の罪は、告訴がなければ公訴を提起することができない。」（46条2項）
連携等（42条）	「公認心理師は、その業務を行うに当たっては、その担当する者に対し、保健医療、福祉、教育等が密接な連携の下で総合的かつ適切に提供されるよう、これらを提供する者その他の関係者等との連携を保たなければならない。」（1項）「公認心理師は、その業務を行うに当たって心理に関する支援を要する者に当該支援に係る主治の医師があるときは、その指示を受けなければならない。」（2項）	
資質向上の責務（43条）	「公認心理師は、国民の心の健康を取り巻く環境の変化による業務の内容の変化に適応するため、第2条各号に掲げる行為に関する知識及び技能の向上に努めなければならない。」	

③ 連携など（法42条）

　法42条1項では、心理師には、クライエントへの適切な援助を行うため、他職種や関係者等との連携を保つことが義務づけられています。なお、クライエントに主治医がいる場合には、心理師はその主治医の指示を仰がなければなりません（同2項）。1項に罰則はありませんが、2項に違反した場合には、心理師登録の取消しなどの対象となります。

④ 資質向上の責務（法43条）

　①～③とは異なり、資質向上の責務は罰則のない努力義務となっています。心理師は常に最新の研究や技法開発に接し、その成果を吸収しながら、クライエントやその関係者等への援助をより良いもの、より効果的なものにしていく責任があります。

（2）職業倫理

　心理学や心理療法・カウンセリングについての知識やスキルを有しているだけでは「専門家」と呼ぶことはできません。「専門家」となるには、職業倫理の確立遵守など、一定の条件を満たした上で、周囲に認知されなくてはなりません。

1）職業倫理の7原則

　メンタルヘルス領域の職業倫理は以下の7つの原則にまとめることができるとされています[3]（**表1-3**）。

　心理師とクライエントの関係には、高い客観性や中立性が必須となります。自分がすでに知っている人物をクライエントとして担当する場合を「多重関係」と呼びますが、多重関係にあるクライエントと心理師は中立性や客観性を保てなくなったり、「思い入れ」が強くなりすぎて正確なアセスメントや支援がうまくできなくなったりする場合があります。このようにさまざまなリスクが生じることから、多重関

係は問題とされ、禁じられています。

　当然、すでにクライエントとして担当している人と恋愛関係になったり性的関係を持つことは厳に慎まなければなりません。こうした多重関係は適切な支援に特に悪影響をもたらすとして、厳重に禁止されています。

表1-3 職業倫理の7原則

第1原則：相手を傷つけない、傷つけるようなおそれのあることをしない
相手を見捨てない、同僚が非倫理的に行動した場合にその同僚の行動を改めさせる、など。
第2原則：十分な教育・訓練によって身につけた専門的な行動の範囲内で、相手の健康と福祉に寄与する
効果について研究の十分な裏付けのある技法を用いる。心理検査の施行方法を順守し、マニュアルから逸脱した使用方法を用いない。自分の能力の範囲内で行動し、常に研鑽を怠らない。心理師自身の心身の健康を維持し、自身の健康状態が不十分な時には心理師としての活動を控える。専門スキルやその結果として生じたもの（例えば心理検査の結果）が悪用・誤用されないようにする。自身の専門知識・スキルの誇張や虚偽の宣伝は行わない。自身の知識やスキルなどがその分野での規準を満たさない場合は心理師としての活動を行わず、他の専門家にリファーする等の処置をとる、など。
第3原則：相手を利己的に利用しない
多重関係を避ける。クライエントと物を売買しない。物々交換や身体的接触を避ける。勧誘を行わない、など。
第4原則：一人ひとりを人間として尊重する
冷たくあしらわない。心理師自身の感情をある程度相手に伝える。相手を欺かない、など。
第5原則：秘密を守る
本人の承諾なしに心理師がクライエントの秘密を漏らす場合は、明確で差し迫った生命の危険があり相手が特定されている場合、虐待が疑われる場合、そのクライエントのケア等に直接かかわっている専門家などの間で話し合う場合（例えば相談室内のケース・カンファレンス等）などに限られる。なお、他人に知らせることをクライエント本人が自身の自由意思で強制されることなく許可した場合は守秘義務違反にはならない。
第6原則：インフォームド・コンセントを得、相手の自己決定権を尊重する
十分に説明した上で本人が合意することのみを行う。相手が拒否することは行わない（強制しない）。
第7原則：すべての人々を公平に扱い、社会的な正義と公正・平等の精神を具現する
差別や嫌がらせを行わない。一人ひとりに合ったアセスメントや援助を行う。社会的な問題への介入も行う、など。

出典：3）を改変して掲載

1-3 要支援者の安全の確保とクライエント中心の視点

　表1-3の倫理第1原則の「傷つけない」にも関連しますが、公認心理師は心理に関する支援を必要とする人（要支援者・クライエント）や、その関係者を危険から守る必要があります。

　クライエントが明確で具体的に、自分を傷つけたり他者を傷つける意図を持っている場合（自殺の可能性や、虐待が疑われる場合など）には、公認心理師は守秘義務を一部解除して、家族や関係者への連絡、さらには加害の可能性の場合には児童相談所や警察への通報も検討しなくてはなりません。

　心の問題を支援する現場では、もちろん「死にたい」とか「〇〇を殺してやりたい」というような発言がしばしば聞かれます。そして、そのような発言すべてを関係者や警察に通報していたら、当事者の役に立てないだけでなく、本当に差し迫った状況で必要な対応がとれない可能性があります。

　ですから、クライエントの発言がどの程度現実的で具体的であるかを見極めることが、とても大切です。

クライエントの言葉だけに反応するのではなくて、その言葉の背景や、その言葉の持つ現実性に着目する必要があるんですね！

1-4 情報の適切な取り扱い

　公認心理師に守秘義務があるのはすでに述べたとおりですが、このほかにも、業務上知り得た情報に関して、「専門家同士の情報共有」や「適切な記録の保管」「意図しない情報の漏洩」など、その取り扱いに注意を要することがあります。

　専門家同士の情報共有については、できるだけクライエントの事前の同意を得ながら、お互いに専門家としての倫理と責任を守って共有する必要があります。記録の保管は医療における診療録やカルテと同様ですので、きちんと残して一定期間保管する必要があります。ちなみに医療では診療録は5年、それ以外の記録は2年間の保管が義務づけられています。

専門家同士の情報共有も、できるだけクライエント本人の同意を得る必要があります

かといって、本人が不安になるような詳しすぎる同意や、同意のないものは一切伝えられないという態度も、クライエントの利益を損なう場合があります

1-5 各領域における公認心理師の具体的な業務と多職種連携

PART 1 公認心理師としての職責の自覚

（1）保健医療分野

　総合病院、精神科病院、小児科、内科、外科、あるいは歯科も含む医療の広い領域で、公認心理師は活躍を求められています。多くの場合、心理検査と相談業務が中心となりますが、デイケアや家族会等のグループ・アプローチや心の健康教育なども業務となります。

　具体的には、精神科病院では妄想や幻覚を伴う「**統合失調症**」や、どのように頑張っても仕事や学校に行けなくなる「**うつ病**」などの患者さんに対する心理検査やカウンセリングが代表例として挙げられます。最近では、「**がん**」などに伴う本人や家族の心理的な苦痛を和らげるようなカウンセリングの場面も増えつつあります。デイケアの場面では、安全にゆったり過ごすことのできる空間の中で、仲間とともにリクレーションやゲーム、料理教室や手芸を通じて生活習慣を整えていったり、体調を整えたりしながら活動性や社会性の回復を図ります。また、**社会生活技能訓練（ソーシャルスキルトレーニング：SST）**や、就労支援などを中心とした、社会参加や就労を目標にしたデイケアもあります。

　なお、医療現場では、医師の指示に従うことはもちろん、看護師や薬剤師、作業療法士、理学療法士、臨床検査技師等のさまざまな他職種との連携が必要となります。

（2）福祉分野

　心理師の活躍の場は広く福祉分野にも存在します。福祉分野では、**乳児院**や**児童養護施設**、虐待を中心とする**児童相談所**、少年非行に関

係する**児童自立支援施設**、成人・老人関連の**地域包括支援センター**、障害児や**障害者施設**、**老人福祉施設**などの福祉施設でのアセスメントと相談業務が主な業務となります。

　福祉分野では、年齢や障害等によって当事者の側に支援に関する知識があるか、その説明を理解できるかに大きな幅があるだけでなく、十分に連携をとる必要のある当事者に関わる他の専門職（社会福祉士、介護福祉士、保育士）にも心理学の知識量に幅があります。その意味では、福祉現場で働く公認心理師は、単に相談業務に携わるだけでなく、このような他職種への助言や情報提供、連携や関係調整等の幅広い業務を必要とされます。

　また、いわゆる社会福祉士などの「福祉職」が具体的な処遇や援助を中心とする業務であるのに対し、公認心理師は「心の問題」に対しての支援が業務の中心となります。ですから、例えば親やその他の養育者に虐待されて児童相談所や児童養護施設にいる子どもに対して、その心の傷つきを、相談やプレイセラピー（遊びを通した心理療法）を通じて回復を目指すという仕事がその代表的なものとなります。

（3）教育分野

　教育分野では、学校で勤務する**スクールカウンセラー（SC）**と公立の**教育相談所（室・センター）**に勤務する相談員としての業務が主な仕事となります。主に不登校やいじめ、友人関係、家族関係、学業、**発達障害や情緒障害**からくる**学校不適応**などに対し、適切なアセスメントに基づいて児童や生徒へのカウンセリング、保護者への助言や援助、教師への**コンサルテーション**（専門家同士の助言）等を行います。

　例えば、不登校には「優等生の息切れ型」という典型的なタイプがあります。これは小さい時から親や周囲の期待を敏感に感じて、いつも無理して頑張ってきた子が、とうとう頑張りきれずに「息切れ」するような形で学校を休み始めるものです。朝は原因不明の腹痛や頭痛、なぜか起きられないなどの症状によって登校できないのに、午後になるとこれらの症状はすべて消えるということも少なくありません。

このような生徒に対して、スクールカウンセラーである公認心理師は「この相談室では頑張らずに、どんなことでも自由に話していい」ということを伝え続けて、その子の本音や愚痴を聞き続けます。そうすることで、本人が自分らしさや自身の本当の気持ちに気づき、やがて立ち直れるようになれるのです。

このような不登校やいじめ、学校不適応の個別相談のほかにも、2007年に学校教育法で定められた「**特別支援教育**」に必要な**合理的配慮**の検討や、校内や通学路において起こった災害・犯罪・自殺などに対しての心のケアなどの危機対応を行います。近年は「**チーム学校**」といわれる方針により、学校内で教師や管理職と連携を密にし、チームとして児童生徒を支えることが求められています。

（4）司法・矯正分野

この分野の公認心理師は、主に犯罪や少年非行に関わることとなります。そのため、法務省や裁判所、警察などと関連の強い業務となります。

法務省関連では、「法務技官（心理）」と呼ばれる**少年鑑別所**、**少年院**、**刑務所**などの心理職があり、特に少年鑑別所においては心理検査などを通じて収容された少年（男女）の心理や行動面への理解を深め、処遇意見を検討します。

法務省関連では、このほかに保護観察所などに配置される**保護観察官**があります。非行少年や元犯罪者の保護観察として、**保護司**（心理職ではなく民間の篤志家（ボランティア））と協力して生活指導に当たります。

裁判所関連では**家庭裁判所の調査官**としての業務があります。少年の非行や犯罪、離婚問題、子の親権者問題その他さまざまな家庭問題に対して、専門知識と経験を活かして取り組むことになります。

警察関連では、都道府県の警察の少年サポートセンターに配置され、**非行防止対策**に当たる**少年相談専門職員**等があります。このほか、**犯罪被害者への支援**として、警察の被害相談窓口や検察庁の被害者支援

制度、全国被害者ネットワークなどで行われており、今後公認心理師が活躍する場所として期待されています。

　少年非行も犯罪も、家族や地域の影響によって発生している場合が多く、単に非行や犯罪を犯した人を厳しく罰すれば解決するという問題ではありません。そのためにも、さまざまな専門職や地域の人々が協力し合って、加害者・被害者ともに再発防止や予防に取り組むことが不可欠であるとされています。

　このような観点からも、今後、この分野での公認心理師の活躍が期待されています。

（5）産業・労働分野

　働く人の心の健康問題について支援するのがこの領域です。うつ病などの精神疾患やメンタルヘルスの問題（ストレス、不安、悩みなど）を抱えた人から健康な人までを幅広く対象として、個別の働き手だけではなく職場組織への対応も行います。

　うつ病やその他のメンタルヘルスの問題を抱える人の多くは、真面目で「ノー」と言えない人であったり、周囲から見るとマイペースで自分勝手なようでいて、実はかなりのこだわりや苦手分野、あるいは独特の過敏さがあって、ストレスを抱えてしまっている場合があります。公認心理師は、そのような人に対して、その人の働き方や対人関係のスタイルを見つめ直す機会を提供します。

　この分野の公認心理師は、主に企業の中の「**健康管理室**」や「**健康相談室**」に勤務する形と、このような業務を外部委託で請け負う**EAP（従業員支援プログラム）**の会社に勤務して、電話相談や面接相談、さらには別の外部カウンセラーへの委託業務の取り次ぎをすることが主な仕事となります。

　業務内容としては、**メンタルヘルス相談**や**ワーク・ライフバランス**（仕事と趣味や家庭生活のバランス）の問題、**ハラスメント**（いじめやいやがらせ）に関する相談などの個別相談や、外部医療機関との連携、キャリアプランと仕事内容などの**キャリアカウンセリング**などが

あります。このほか、メンタルヘルス問題の予防を目的とする教育研修や職場環境改善や、問題が発生してしまった場合にはその再発予防、当事者の職場復帰支援など、組織ぐるみでの支援の中心となることもあります。

（6）医師の指示と連携

公認心理師はその職務においてさまざまな他の職種との連携が重要であることは述べてきましたが、特に気をつけるべき問題として、医師との連携があります。公認心理師法42条２項には、以下のような規定があります。

> **（連携等）**
> **第42条** （略）
> 2　公認心理師は、その業務を行うに当たって心理に関する支援を要する者に当該支援に係る主治の医師があるときは、その指示を受けなければならない。

これは、「クライエントがすでに精神科医などにかかっていて、その後別の施設などでカウンセリングを受け始めたときに、そのカウンセリングを担当する公認心理師は、医療の妨げになるようなことはしない」という念のための規定です。

医療の妨げとは具体的には、統合失調症のような深刻な精神病を発症していると考えられ、主治医の判断で投薬が開始されたクライエントに対して「薬など飲まずに治していきましょう」とアドバイスする場合や、クライエント本人の投薬への不安にそのまま応えて「薬は飲まなくていいでしょう」などと対応するのが、この典型的なケースです。こうした結果、病状が悪化し、取り返しのつかないことになる可能性もあります。

統合失調症やうつ病が急激に進行している最中に、主治医の判断を無視して「あなたの生い立ちや過去のトラウマを丁寧に探っていきま

しょう」などとするカウンセリングもとても負担になります。このような場合、病状の急激な悪化を招くだけでなく、医療不信や病状悪化に伴う家族関係の破綻などさまざまな問題につながる可能性もあり得ますので、軽々に判断することは厳に慎まなくてはなりません。

ここで、「医師の指示を受ける」とは、「すべてのクライエントに関して、すべての（身体疾患を含む）主治医から毎回指示を受ける」という意味ではなく、「特に精神病が疑われるクライエントに関して、（基本的にはクライエント本人の了解を得て）医師と手紙や電話で基本方針に関する打ち合わせを怠らない」という意味です。

「指示」という名目のもとに、すべてを医師任せにするのも問題です。例えば、スクールカウンセリングなどにおいて頻繁に聞かれる「死にたいと思うことがある」といった訴えは、非常に慎重な見立てを必要とする訴えです。これを、簡単に医療につなぐだけ、あるいは主治医に連絡をとるだけでは、かえってクライエントを支えていることになりません。十分共感的に傾聴した上で、心理師としてしっかりとコミットすることも大切です。

（7）地域連携

公認心理師は、地域の中での連携も重要です。それは、以下のような例を考えるとわかりやすいと思います。

例えば、夫のDV（家庭内暴力や暴言）に苦しむ妻が、公認心理師の所に相談に訪れたとします。まずは心理師がそのクライエントの心の傷つきに配慮しながら傾聴し、事態を冷静に把握する必要があります。そして、そのようなアセスメントに基づいて、事態の緊急性（誰かがここ数日のうちに深刻な身体や生命の危険にさらされそうなのか、そこまではいかなくてもすぐに保護が必要なレベルなのか。反対に妻の訴えを共感的に傾聴することで、妻が穏やかになれて、その結果夫も穏やかになるのかなど）を判断します。

そして、深刻な事態の場合には、妻に関しては女性相談センターなどへの相談や「シェルター」と呼ばれる保護施設との連携が必要とな

ります[4]し、子どもが被害に遭っていたり、夫婦間のDVをしばしば目撃している場合には、児童虐待として児童相談所への通報が必要となる場合もあります。その際には警察との連携が必要になったり、子どもの通う学校への連絡と協力が必要になったりもします。

このように、公認心理師は、クライエントの問題に応じて地域における連携にも目を向ける必要があります。

出典：福島哲夫ほか『公認心理師必携テキスト』（学研メディカル秀潤社、2018年）P55参照

2 問題解決能力と生涯学習

　公認心理師は、自分の力で課題を発見し、自己学習や自分から進んで受ける研修を通じてその課題を解決する能力を持たねばなりません。それは公認心理師法にも以下のように定められています。

（資質向上の責務）
第43条　公認心理師は、国民の心の健康を取り巻く環境の変化による業務の内容の変化に適応するため、第2条各号に掲げる行為に関する知識及び技能の向上に努めなければならない。

　公認心理師は上記規定に沿うように努め、その結果、常に成長発展し続けていかなくてはなりません。それは1-1で述べた**科学者―実践家モデル**（scientist-practitioner model）（p.27）に基づけば、常に新しい科学的知見に触れ続けながら、自らも研究を続けるという形で実現されるはずです。しかし、心理師は単に科学的であるだけでは十分とはいえません。科学者―実践家モデルの「実践家」の部分に関しては、アメリカの哲学者であるショーン（Donald A. Schön）の**反省的実践家**（reflective practitioner）の考え方がとても参考となります。

・反省的実践家と技術的熟達者

　公認心理師の業務は「すべて心理師自身と、対象者との関係の両方を対象化（客観化）して振り返るなかで行われる」ところに特色があ

ります。

　ショーンによれば、この反省的実践家とは教師や看護師、カウンセラーなどの対人サービスの専門家独自の特色とされています。一方で、機械工学や法学の専門家は「科学的知を実践に適用する技術的熟達者（technical expert）」として、反省的実践家と対比する概念としています。

　技術的熟達者が特定の科学的知を実践に応用していく者であるのに対し、反省的実践家は「行為の中の知」をもって「行為の中で省察」し、「状況との対話」を通じて実践を行っていく専門家であるとされています。つまり、公認心理師のような対人サービスの専門家は、対象者の反応を繊細に観察しながら、最適なサービスを提供するというのが、その専門性です。

　しかしながらショーンが述べているように、従来の実践家の多くは技術的熟達者として自分自身を捉えようとしてしまっているため、自分の取り組みをどのような言葉で表現していいかがわからなくなり、理論に当てはまらない現象を排除してしまいがちになるといわれています。またその一方で「省察に熟達した者は、自分たちの方法について知っていることを言葉にできず、自分たちの思考の特性や厳密性を正当化して述べることができない」という状況にあるとされています。

　したがって、公認心理師が反省的実践家であるならば、その反省・省察（reflection）の当然の結果として、常に成長・発達していくはずです。自己を振り返ることは、常に自己の抱える問題に気づくことでもあり、それに取り組むことでもあるからです。

　このような反省的実践家としての姿勢を具体的に実現するためには、**スーパービジョン**と呼ばれる個別臨床指導や、心理師自身が数十時間から数百時間にわたる心理療法を受ける「**教育分析（教育カウンセリング）**」が、大切な機会となります。このほか、同僚とともに自発的に開く研究会や**事例検討会**、専門学会での研究発表や論文投稿などによって、そのキャリア全体を通して、研鑽と学習に励む必要があるのです。

引用文献

1）金沢吉展：『公認心理師必携テキスト』p12.学研メディカル秀潤社．2018
2）原田隆之：エビデンス・ベイスト・プラクティス．臨床心理学17（4）:536-537．2017
3）福島哲夫ほか：『公認心理師必携テキスト』P13．学研メディカル秀潤社．2018
4）内閣府男女共同参画局：配偶者からの暴力被害支援情報。http://www.gender.go.jp/policy/no_violence/e-vaw/soudankikan/05.html.2019年1月21日閲覧取得）
5）Rønnestad,M.H. & Skovholt,T.M.: The journey of the counselor and therapist : Research findings and perspectives on professional development. Journal of Career Development 30 ; 5-44. 2003.

公認心理師は常に成長・発達し続ける専門職です。別の言い方をすれば、この「成長・発達し続けよう」という姿勢そのものがクライエントの発達を促進するともいえます。

心理師の発達モデル
（生涯にわたっての発達）

①素人援助者期
②初学者期
③上級生期
④初心者専門家期
⑤経験を積んだ専門家期
⑥熟練した専門家期

出典：Skovholt, et al., 2003をもとに作成[5]

PART 2
心理学・臨床心理学の全体像

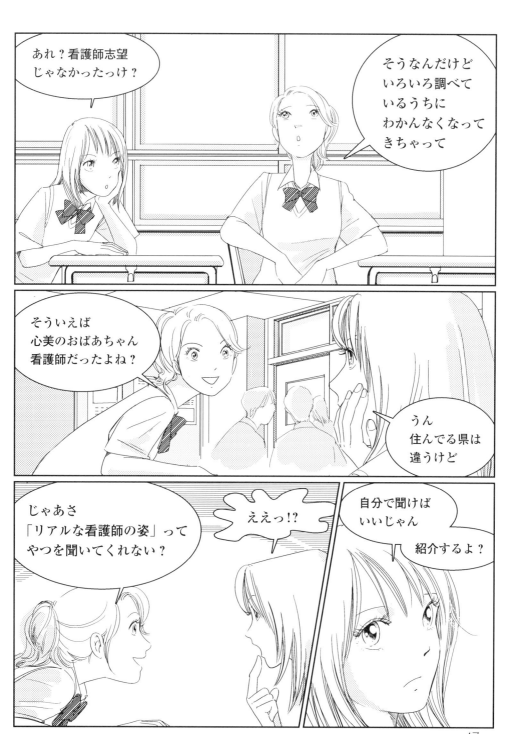

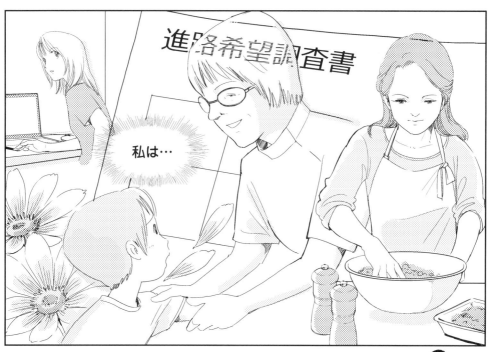

Column 公認心理師試験って誰でも受けられるの？

　いいえ、受験資格が必要な国家資格です（P.70参照）。
　2022年の試験までは、いわゆる「現任者受験資格」という「今、心理相談の仕事にかかわっている」人が受けるチャンスがありますが、その後からは大学の心理学科など、公認心理師養成カリキュラムを備えた大学で、規定の単位を修得して卒業しないと試験そのものを受けることができません。でも、大学の心理学科を卒業しただけでは受験できません。これについてはPART3のコラムで説明しますので、まずは「現任者受験」について以下に少し詳しく説明します。

現任者受験
　上記のように2022年までは受験できます。ただし、その年の出願（例年は4月か5月）までに、心理相談を5年間やってきたという在職証明が必要です。この在職証明はボランティア相談員でも、個人開業のカウンセラーでも大丈夫ですので、ボランティア相談員の場合は、その活動が客観的に証明される「委嘱状」や「ボランティア活動記録」等の証明書が必要です。個人開業の場合は、税務署に届け出している「開業届」などが必須となります。
　このような書類を準備すると同時に、「現任者講習会」という30時間の講習を無遅刻無欠席で受けて、その修了証明書も提出する必要があります。

2-1 心理学の成り立ち

　心理学は、元々は哲学の中に含まれる形で古代から少しずつ発展してきた学問です。西洋において古代ギリシャで始まったとされるのが一般的ですが、広い意味では東洋の「老荘思想」や仏教の「禅」なども心理学の始まりの一種だったといえるでしょう。

　心理学を意味する英語Psychologyは、psyche（プシケ、サイキ；精神、魂）とlogos（ロゴス；論理、言葉）から作られた言葉です。一方で「心」という漢字は、心臓の象形文字から来ているとされていて、心というものが脳にあるのかその他の臓器にあるのかという点に関する、古代人の発想が思い浮かべられます。

　その後、19世紀に入ってヨーロッパで自然科学全般がめざましく発展するにつれて、科学としての心理学が誕生します。人が物や音を感じるということについて数量的に検証しようとしたフェヒナー（Gustav Theodor Fechner）の「**精神物理学（心理物理学）**」や、ヘルムホルツ（Hermann Ludwig Ferdinad von Helmholtz）の研究などが有名です。「心の科学」としての心理学の誕生は、一般的には**ヴント**（Wilhelm Maximilian Wundt）がドイツのライプチヒ大学に心理学実験室を設立した1879年だとされています。ヴントは、人の「意識」は一つひとつの感覚や感情の結合（寄せ集め）によって捉えることができるという「**構成主義**」の立場に立って、実験法の手続きによって生じる意識の内容を自己観察するという「**内観**」の方法を重視しました。

2-2 心理学の いくつかの立場

（1）ゲシュタルト心理学

　ゲシュタルト心理学は、ヴントの構成主義を批判する形で誕生しました。「心理的現象は要素に分解できるものではなく、**一つのまとまりとしての全体（ゲシュタルト）で捉えることが重要だ**」という立場をとっています。ウェルトハイマー（Max Wertheimer）、ケーラー（Wolfgang Köhler）、コフカ（Kurt Koffka）といった人たちが代表的な人物です。

（2）行動主義心理学

　アメリカの心理学者**ワトソン**（John Broadus Watson）は、「意識」という本人にしかわからない現象を心理学の対象にするのではなく、外部から客観的に観察可能な「行動」を対象とすべきだと主張しました。ワトソンは、**パブロフの条件反射**の考え方（エサと同時にベルを鳴らすことを繰り返すと、犬はベルの音を聞いただけで、唾液を出すようになるなどの現象）で、刺激と反応の組み合わせで人の行動を理解したり、変えたりすることを目指しました。

（3）深層心理学（精神分析学）

　心理学において、「意識」や「行動」のみが重視されるようになった一方で、人間の生活や行動、さらに問題行動に関して「**無意識**」の

果たす役割が大きいと考えて、その理論と治療技法を体系化したのがフロイト（Sigmund Freud）でした。こうした立場を、一時期フロイトの後継者的な立場だったアドラー（Alfred Adler）とユング（Carl Gustav Jung）の考え方も含めて「**深層心理学**」と呼ばれます。

　深層心理学においては、幼少期に受け入れられなかった願望が意識から閉め出されて無意識の一部になったり、人類に共通した普遍的な無意識パターンが現れて、意識や感情、行動に影響を与えると考えられています。

　この深層心理学は、成立当初はあまり受け入れられませんでしたが、その後、臨床心理学の基礎の一つとなったり、文学や哲学にも大きな影響をもたらす領域となっています。

（4）個人差研究

　これまで述べた心理学の流れとはまったく別に、フランスの心理学者ビネー（Alfred Binet）が**知能検査**を開発しました。これをきっかけとして、ターマン（Lewis Madison Terman）やウェクスラー（David Wechsler）などの研究者が多様な知能検査を開発し、現代に引き継がれています。

　この知能検査の開発に伴い、「知能とは何か」という理論的な研究や、検査結果を統計的に分析する手法も発展しました。さらには**性格（パーソナリティ）**についても明らかにして、測定するという個人差に関する研究が発展しました。

　（1）～（4）でに述べてきた心理学のいくつかの流れをわかりやすく図示すると**図2-1**のようになります。

60

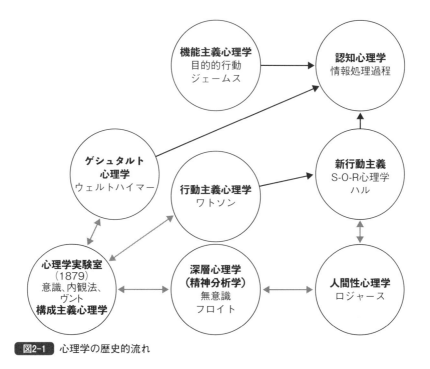

図2-1　心理学の歴史的流れ

（5）近年の心理学

　近年では、上記の心理学のほかに「人の成長と加齢に伴う心の機能の変化」について研究する**発達心理学**、「人と人、人と集団との影響関係を研究する」**社会心理学**、「人を情報処理システムと捉え知覚や記憶、その再編などについて研究する」**認知心理学**、「言語と心の関係について研究する」**言語心理学**、「サルや類人猿との比較を通じて人間を探求する」という**比較心理学**から発展した**進化心理学**などの領域がさかんになってきています。

　さらには、「脳神経と人間の行動との関係を探求する」**認知神経科学**、「経済学と心理学を融合した」**行動経済学**など、隣接領域との協働も進みつつあります。

2-3 臨床心理学の成り立ち

（1）臨床心理学とは

　臨床心理学とは、「悩み苦しんだり、心の問題を抱えている人をどのように理解し、支援するか」という探求と実践の心理学です。「clinical psychology」（臨床心理学）の「clinical」は、現代英語の診療所（クリニック）と同じ語源です。古代ギリシャなどの聖地の神殿内で一晩明かして、神のお告げを得るための寝床を意味していたといわれます。

　臨床心理学は、心の問題や不適応のメカニズムの解明、**心理的測定（心理検査・知能検査・発達検査**など）、さらには効果的支援法の開発と実践などもその領域に含んでいます。

（2）臨床心理学の誕生

　「心理学の成り立ち」（前記2-1）で紹介した構成主義のヴントのもとで学んだアメリカの心理学者キャッテル（James Mckeen Cattell）は、ドイツから帰国した後、ペンシルバニア大学で心理学の教授として個人差を測定するさまざまなアイデアを提唱し、知能や性格を測定する重要な方法を編み出しました。このキャッテルに学び、後にヴントのもとに留学して、1896年に帰国しペンシルバニア大学に心理クリニックを創設したのが「臨床心理学の父」と呼ばれるウィットマー（Lightner Witmer）です。

　ペンシルバニア大学の心理クリニックでは、特に**知的障害**や**学習障害**（特定の読み書きや計算などが極度に苦手な障害）などを持つ子ど

もを対象に、測定・支援・教育などの実践と研究を行うとともに、支援者の育成も行っていました。

（3）臨床心理学の主な領域とカウンセリング心理学

臨床心理学の主要な領域は、何といっても「カウンセリング（臨床心理面接）」や「心理療法」です。健康な人がさらに「より自分らしい自分になっていく」という自己実現や成長を目指すための開発的カウンセリングから、心の病や症状を持った人がその治療を目指す治療的カウンセリングや心理療法まで、幅広い領域があります。

アメリカでは、この臨床心理学と、カウンセリング心理学とが別々に発展してきた歴史があります。臨床心理学の基礎には、①ビネー（前記2-2（4）参照、知能検査を開発）に影響を受けた知能検査と**ロールシャッハ・テスト**（インクの染みが何に見えるかのテスト）や**TAT**（絵を見て物語りを作ってもらうテスト）に代表されるような心理測定、②当時の精神病院の惨状への問題意識によって触発された**精神保健運動**、③フロイト（前記2-2（3）参照、深層心理学）の精神分析アプローチに基づいた人間理解の3つの流れがあり、精神科病院を中心とした医療の場から出発し、発展してきました。

一方でカウンセリング心理学は、①パーソンズが1908年にボストンに職業相談所を開設したことから始まる**職業相談**の動向、②失業者に再就職を援助することを目的とした心理測定の動き、③カール・ロジャースによる非指示的療法（「**来談者中心療法**」と呼ばれたり、その背景を含めた「**人間性心理学**」とも呼ばれます）の発展と、その職業カウンセリングへの影響の3つを基礎とし、主に教育の場において発展してきました。

なお、日本においてはこれらはあまり区別されることなく、アメリカでの成果をその都度輸入する形で発展してきています。

2-4 臨床心理学の代表的な理論

　これまで述べてきたように、臨床心理学では、行動主義と深層心理学、そして心理測定の3つの大きな流れがあります。そこに、反精神医学と「人は誰でも本来の自己実現傾向（最も自分らしいと感じられる自分になっていく傾向）をもっており、その傾向を適切にサポートするだけで、人は本人が望む方向に成長していく」という人間性中心主義の運動が加わって、「人間の心の苦悩にどう対応するか」という問題に向き合っているといえるでしょう。

　日本で生まれた臨床心理学的な理論としては、**森田療法**が挙げられます。森田療法とは、1919年に森田正馬によって考案された治療法です。森田療法においては「あるがまま」を目標として、入院治療を行います。

　さらに**内観療法**という日本独自の治療法もあります。1週間の泊まり込みで行われる集中内観とその後日常的に行う日常内観とで構成されるこの内観療法は、吉本伊信が仏教の浄土真宗の一派に伝わる「身調べ」という求道法を発展させた心理療法で、現在までに至る人間関係で自分がどのようなあり方をしていたかを、「してもらったこと」「して返したこと」「迷惑をかけたこと」の3つの観点からの内観を行うことで、自己探求を深めていくものです。

（1）意識と無意識、自我と超自我

　精神分析に代表される深層心理学においては、人間の心の働きは無意識的なものが大部分であり、人間の意識はまるで海に浮かぶ氷山の

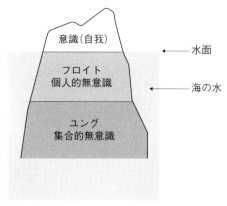

図2-2 意識と無意識

一角のようなものだとたとえられます。さらにユングによる「集合的無意識」という考え方によれば、人間の無意識の領域には、地域や民族、さらには人類普遍のイメージパターンのような「集合的無意識」の領域が根底にあるとされています（図2-2）。

　自我は、この図2-2の水面の少し上と少し下の領域をカバーしていて、意識と無意識とを調整する働きをしていると考えられています。その際、自我は現実世界である外側と自己の内面である無意識の世界との両方を無視したり、抑え込んだりするのではなく、うまく両方を受け入れながら調整することがポイントです。この自我の働きがうまくいけばいくほど、人は健康的になれるとされています。

（2）自己概念

　一方、ロジャースを中心とする人間性心理学では、人間の心に無意識という領域を想定せずに、もっとありのままの心の働きを見つめようとします。そして、自分の心のあり方を、図2-3のような「自分が意識する自分」（自己概念）と「自分が体験している自分」（体験）とのズレとして捉えます。

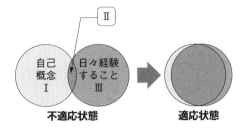

図2-3 ロジャースの理論から見た不適応状態

　図2-3のように、自分が意識する自分という自己概念（Ⅰ）と、自分の体験する世界（Ⅲ）との重なる部分（Ⅱ）が少ないと、その人は悩み苦しむ状態にあるとされ、（Ⅱ）の部分が大きくなると、その人は適応していて自己実現された状態に近づいているといえます。

　簡単な例を挙げれば、性的な行為や暴力・金銭に関することで「本当にイヤな時にはイヤと言える自分」という自己概念を持ちながら、実際には「イヤと言えなかった」という体験を重ねている人は、「適応している」とも「自己実現している」ともいえません。そのような気持ちの背景には「イヤと言ったら嫌われてしまうのでは」という不安がある場合がほとんどです。しかし、「これをイヤと言う私を嫌うような人は、ひどい人だ」と思えれば、自己概念と体験との重なる部分が増えてくるはずです。

　上記のような人間性心理学は現在のカウンセリングの基本的な考え方となっており、今後も大きな影響力を持つと言っても過言ではないでしょう。

（3）認知（情報処理）し行動する人としての理論

　さらに、もう一つの大きな流れとして、認知心理学と行動主義心理学の影響を受けた臨床心理学理論に「認知（行動）する人」としての考え方があります。この「認知」とは情報処理のことで、記憶とその編集、さらに再生などに関連する心の働きのことです。

これは行動主義心理学と認知心理学による心のモデルです。

図2-4は、行動の持続や変化に関する理論を図式化したものです。何らかの刺激（例えば、「友人がこちらに微笑みかけてきた」など）に対して、自分の行動（例えば、「自分も微笑み返してみた」）を起こしてみた結果、「普段はあまり話しかけてこない友人が、とても楽しい話をしてくれた」という結果が伴った場合、こちらの「微笑み返す」という行動が増加するというものです。

一方、図2-5は、何らかの出来事に対して認知（捉え方）に歪みが生じた場合、つまり、「友人が微笑みかけてきた」という経験に対して「それはきっとこちらをバカにして微笑んでいるに違いない」という認知で、結果として「落ち込んでしまう」というものです。

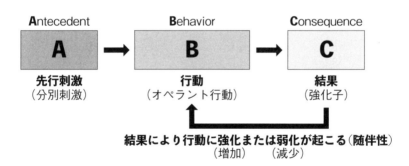

図2-4　行動の持続と変化（ABC分析）

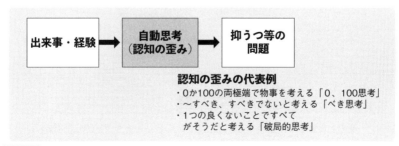

図2-5　認知の歪み理論

（4）心の理論

さらに近年、「人は他者の心をどう理解するか」という問題に関連してさかんになってきているのが「心の理論」です。相手の喜怒哀楽などの感情をどう感じ取れるかということに関しては、「メンタライゼーション」という心の働きが重要です。これらは「自分の心を使って相手の心を推測する」という人間独自の能力として、重要視されています。

図2-6　サリーとアンの誤信念課題

この心の理論は、相手の喜怒哀楽という感情以前に「この事実を相手はまだ知らないから、ゼロから説明しないとわからないだろう」などと相手の視点に立って説明できる能力と関係しています。この理論は、近年増加している「発達障害」などを理解し支援するための基礎理論ともなっています。

　図2-6は心理学の世界では有名な「サリーとアンの誤信念課題」というものですが、この図2-6のような問題を出された場合、発達に偏りのある子は「サリーはアンがこっそりとビー玉を箱に移したということを知らないはずだから、帰ってきたらまずはカゴの中を探すはず」とは思えずに「ビー玉は今は箱の中にあるんだから、箱の中を探すでしょう」と考えてしまうのです。
　このように、他者の視点や他者の心の中を推測できるかどうかが、いま、発達障害の理解と支援だけでなく、「人間の心」のあり方を考える上でとても重要な視点となってきているのです。

心の理論を当人がもっているかどうかを検証する方法として、誤信念課題が考案されているのね

受験資格取得ルート

次のいずれかに該当する方は、受験資格があります。

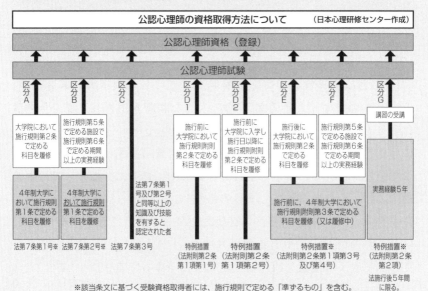

【注意】
「文部科学大臣及び厚生労働大臣指定の現任者講習会の課程を修了し、施行規則第6条で定める施設において、5年以上、法第2条第1号から第3号までに掲げる行為を、（常態として週1日以上）業として行った者」（いわゆる「現任者」。平成29（2017）年9月15日時点で業務を休止又は廃止してから5年を経過しない者を含む。）として受験資格を得た者が受験できるのは、<u>2022年9月14日</u>までです。

なお、上記「施行規則第6条で定める施設」については、「「実務経験証明書」（現任者用・区分G）の様式と記入見本」の「分野施設コード一覧」を参照してください。

また、**受験資格の詳細は、公認心理師試験「受験の手引」の「Ⅱ 受験資格と受験申込区分」で確認してください**（実際の試験の申込みには、【公認心理師試験「受験の手引」一式】を請求する必要があります）。

出典：一般財団法人日本心理研修センターウェブサイト（公認心理師「試験について」）

(http://shinri-kenshu.jp/support/examination.html#exam_001_anchor_03)

PART 3
心理学における実証的研究と統計法、研究倫理

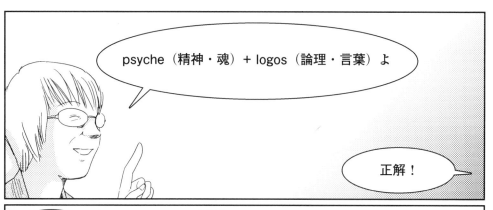

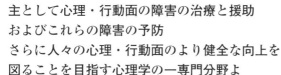

Column 大学の心理学コースを出たら？

　4年制大学の心理学コース(学部は文学部や教育学部、人間関係学部等さまざまです)の、公認心理師カリキュラムを備えている所で、必要な単位(必ずしも必修科目や、希望すれば全員が履修できる科目とは限らないので要注意です)を取得して、卒業する必要があります。
大学卒業後は以下の2つのコースがあります（P.70参照)。

①現場で働きながら研修を積むコース
　大学を卒業したらトレーニングプログラムを備えている現場に就職して、そこで心理職として働きながら研修を2年～3年受けるというものです。ただし、このような現場は、2019年3月現在日本に5か所しかありませんので、相当に厳しい道といっていいでしょう。この5つのうちの1つは、国家公務員試験を受けて、法務省の心理技官としての研修を受ける機関です。もう1つは同様に家庭裁判所の調査官試験を受けて、そのための研修を受ける施設です。残り3つが民間の医療機関です。いずれにしても狭き門であることは間違いありません。

②大学院コース
　①が上記のように「狭き門」であることを考えると、4年制の心理学科を卒業して、さらに公認心理師カリキュラムを備えた大学院(修士課程2年間)を修了するのが一番現実的で、近道なコースです。大学院在籍中にたくさんの演習系の授業と実習(学内・学外)を積み、実地訓練を受けることができます。

3-1 心理学における研究方法

　これまで述べてきたように、心理学にはたくさんの理論があり、それを検証したり発展させたりするために人や動物を対象とした研究が欠かせません。

　心理学における研究方法には、以下のような種類があります。それぞれについて、簡単にご紹介していきましょう。

①アンケート（質問紙）調査に代表される「調査法」
②実験室や特定の条件を整えた「実験法」
③特定の視点から対象の行動を観察して分析する「観察法」
④インタビュー調査を中心とする「面接法」
⑤臨床的な活動を実践しながらその状況を客観的に分析する「実践研究」や「事例研究」
⑥厳密に計画した臨床活動の効果について比較検討する「臨床研究」

（1）調査法（質問紙法）

　質問紙調査を中心とする研究方法です。この研究法では、あらかじめ立てた仮説に従って質問項目を吟味して作った質問紙を100名〜数百名の対象に実施します。そして、その結果を集計し、コンピューターなどを使って統計的に分析することで、仮説（例：「自己肯定感が強い人は○○という意識も強いだろう」「他者からの評価を気にする傾向が高い人ほど、自分の体形に関する不満も強いだろう」など）を検証します。

一般に「調査研究」というと、「最近の○○傾向を探る」という「実態調査」のイメージが強いかもしれません。けれども、心理学の研究においては、実態調査にとどまらない「仮説検証を通じて、一般的な法則を導き出す」という点に研究の重点が置かれます。この調査研究は、比較的安い費用で一度に多数の対象に対して調査ができる点や、結果を統計的に分析できる点が優れています。一方で、この方法では仮説すらない新たな発見をすることは難しく、「本人が意識できていること」以外の行動傾向などについて調べる場合は正確さを欠くなどの欠点もあります。

（2）実験法

　心理学で「実験」というと、少し驚く方もいるかもしれません。ビーカーや試薬、あるいは大きな実験器具を使うような物理化学的な実験を思い浮かべる方もあるかもしれませんが、それとは違います。心理学実験では、音や光などの刺激が統制された実験室で、多くの場合はパソコンやプロジェクターを使って音や映像を呈示したり、実験参加者同士で会話してもらったりして、その影響を質問紙に回答するという形式が主にとられます。

　また、「もしあなたが○○という状況に出くわしたら、どのように感じますか。以下の5つの中から最も近いものを選んでください」などと記載された質問紙を用いる「質問紙実験」と呼ばれる方法もあります。

　さらには、「ランダム化比較試験」（RCT：randomized controlled trial）と呼ばれる研究法もあります。これは医薬品や心理療法の効果を客観的に調べる厳密な方法で、実験参加者のうち特定の介入法を用いて介入する群（効果を測定する対象が医薬品であれば、医薬品を投与する群）と、介入を行わない群（医薬品を投与しない群）とを無作為（ランダム）に分け、その効果を比較する方法です。

　このランダム化比較試験は「最新の効果的な手法を実施する群と実

施しない群とで差別するのは倫理的に問題がある」という指摘から、「非介入群には、しばらく待ってもらって効果を比較した後に介入して、さらに効果を検証する」という「ウェイティングリスト法」と呼ばれる方法をとることもあります。

（3）観察法

ある場面や対象を、視点を決めて観察し、分析する方法です。例えば、保育園や幼稚園において、園児がどのようにしておもちゃを共有できるかなどの一般的なテーマから、特定の子供が指導者の指示や場面の切り替えにどの程度応じることができるかなどを観察するという場合などが、この手法を採用する典型的な事例といえるでしょう。

この観察法を使った有名な研究例が「ストレンジ・シチュエーション法」による研究です。この「ストレンジ・シチュエーション法」では、子供を初めての部屋で初対面の人と2人だけにして、一定時間後に親との再会時の反応を観察するものです。親との分離時・再会時の反応の仕方によって、その子の愛着（特定の人との強い絆）の状態を確認することができます。

（4）面接法

「これまでの自分のうつ状態の変遷」や「特定の人物との信頼関係の傷つきとその修復」といった長期的なプロセスを含む研究テーマは、（1）～（3）で紹介した質問紙法、実験法、観察法にはなじみにくいテーマです。そのようなテーマを研究する場合には、一定の場所で特定の目的のもと、面接者が対象者と直接顔を合わせて会話を通してデータを得る「面接法」が最も適しているといえるでしょう。

この面接法には、質問する内容と順番をきっちり決めて行う「構造化面接」と、形式を決めずに「あなたの○○の体験について語ってください」といった質問だけを最初に行い、後は自然な流れに任せる

表3-1 面接法の種類

名前	研究例	特徴
構造化面接	・南極越冬隊員応募者の精神的健康度調査 ・虐待や性被害に遭った子どもへの聞き取り調査	厳密に**客観的かつ詳細**なデータが取れる。対象者の安全も守れる
半構造化面接	・カウンセラーと信頼関係確立のプロセス ・個人のうつ状態の変遷	ある程度の柔軟さを備えているので、**想定外の発見も期待できる**
非構造化面接	・児童養護施設職員としての体験の意味 ・親族をがんで亡くした体験について	研究者が想像できない**主観的体験**までを探ることができる

「非構造化面接」、その中間の「半構造化面接」があります。**表3-1**は、それぞれの面接法を使った研究例とその方法の主な特徴です。どの面接法を採用するかに関しては、精神医学や犯罪心理学に近い領域では構造化面接を、社会学や文化人類学的な領域に近い研究では非構造化面接を、そして心理学の研究では半構造化面接が多数を占めるという領域ごとの特徴があります。

（5）実践研究・事例研究

　実際の臨床活動における現場はさまざまで、時間的な余裕もなく、これまで述べてきたような研究法がなじまない現場も多くあります。こうした現状の中では、臨床的な活動を実践しながらその状況を客観的に分析する「実践研究」や「事例研究」が重視されます。このような研究はどんな現場でも、どんなクライアントにも通用するという「一般性」には欠けるものの、「こういう時にはこうすればいいかもしれない」という実践知を提供してくれる貴重な研究となる場合も多いのです。

（6）臨床研究

　基本的に「実際の治療行為や支援行為を行いながら、それを客観的に評価する」研究方法です。ランダム化比較試験のように厳密に計画した臨床活動の効果について比較検討する場合から、一事例を丁寧に記述して考察する事例研究法までを広く「臨床研究」と呼びます。中には、数少ない事例を一定の手続きで行って分析する**系統的事例研究法**」や、類似の事例のプロセスを緻密に分析する「**プロセス研究**」などもこれに含まれます。

　これらの臨床研究はそのリアリティ（現実性）と実用性の高さから、これからもさらに大切になってくる研究法と考えられます。

　これまで述べてきた各種の研究法の利点や主な用途をまとめると**表3-2**のようになります。

表3-2 各種研究法の利点と用途

研究方法	利点	結果の主な用途
調査法	低いコストで大量のデータが取れる	大規模な意識調査やストレス調査などを踏まえた**予防策や政策の提言**
実験法	厳密な統制で因果関係を検証できる	科学としての仮説検証や**法則定立**
観察法	リアルな実態を把握できる　言葉の未発達な幼児なども対象にできる	幼児や障害のある人への**支援の検討**
面接法	長期のプロセスを含んだ緻密な個人データが得られる	慢性の精神疾患やトラウマ、パーソナリティの問題などの**アセスメントや治療法**に役立てる
実践研究・事例研究	具体性の高い緻密なデータが得られる	**具体的な治療や支援の実例**として参考になる
臨床研究	複雑な治療法や支援方法の有効性を確認できる	**新しい治療法や支援方法の有効性を確認する場合に必須の**研究法

3-2 研究に際しての倫理

PART
3

心理学における実証的研究と統計法、研究倫理

　これまで述べてきたような研究を行う場合は、対象となる人や動物に不要な苦痛や不利益を与えないように慎重に配慮しなければなりません。そのためにも、PART 1において説明した公認心理師としての責任と倫理に加えて、さらに手続きを整えた研究協力者に対する説明と同意（インフォームド・コンセント）や安全配慮、情報管理について具体的に計画して、所属機関などの「研究倫理委員会」の承認を得る必要があります。その上で、実際の研究参加者へのインフォームド・コンセントにあたっては、研究の概要だけでなく侵襲性（心身に痛みや傷を与えること）の有無、個人情報保護に対する取り組み、謝礼の有無などについて十分に説明をし、同意を得なくてはなりません。このような手続きを経て、初めて研究を行えるのです。

　また、研究終了後などに、その結果を研究参加者（対象者）にフィードバックするプロセスも研究者に求められる姿勢です。特に、研究によっては、研究参加者が研究の目的を知っていることによって、結果が歪められてしまうことがあり（例えば「職場には音楽を流した方が能率が上がる」という研究者の仮説を研究参加者があらかじめ知っているかどうかで、結果に大きな違いが出る可能性があります）、そのために研究本来の目的を偽って伝える「ディセプション」という手続きがとられることがあります。このような場合には、実験や調査の終了後、研究協力者に対して本来の目的を十分に説明する「デブリーフィング」を行う必要があります。

89

3-3 統計法

　統計法は、研究には欠かせないツールです。特に調査法や実験法、観察法や臨床研究では、「その研究結果は偶然のものではなく、条件がある程度同じであれば何回でも得られるものである」という再現性と普遍性を示すためには不可欠の手続きです。
　この統計法には大きく分けて「記述統計」と「推測統計」があります。

（1）記述統計

　記述統計とは、端的に表現すれば「得られたデータの特徴を記述するもの」です。これは、代表的なものとして**図3-1**のようにパーセンテージ（％）や平均値、平均値からのデータの散らばり具合を示す標準偏差などが挙げられます。

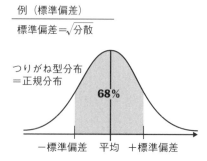

　図3-1　平均値と標準偏差（横軸は身長や体重・成績などのデータ、縦軸は人数など）

このように平均値と標準偏差を示すだけでもデータの特徴と内容を表現でき非常に有用ですが、これらを折れ線グラフや棒グラフで表現すると、さらにわかりやすくなります。

この記述統計には、平均値や標準偏差の他にも、これらの数値を使って算出する「相関係数」があります。相関係数は、「家にある蔵書の数と子どもの知能指数」など、直接の因果関係は不明だけれど、密接に関連しているであろう数値同士の関係を探るのに適した手法です。ただし、「子どもの足のサイズと算数の点数」のように、数値上では相関が高い場合でも、実はこの2種類の数値の間には「年齢」というさらに重要な変数が挟まっているというような「疑似相関」が存在するケースもあることには注意が必要です。

また、上記の蔵書の例でいえば「家にある本の数を増やしさえすれば子どもの知能は上がる」という相関関係を因果関係と取り違えた結果の誤解にも気をつけなければなりません。蔵書の例は、蔵書数によって子どもの知能が左右されるという因果関係ではなく、「本がある程度の数あるような知的好奇心を持った親のいる家庭」が、全体の影響力として子どもの知能を高くするという「単なる相関」に過ぎないのです（最近の研究によると、親の学歴や年収と子どもの知能には相関がないという結果が出ています）。

相関係数そのものに目を奪われることなく、データを注意深く見つめることが大切です。

（2）推測統計

これは、得られたデータからその背後にあるより大規模な集団（母集団）の特徴を推測するというもので、なじみ深いものでは世論調査や視聴率調査があります。世論調査も視聴率調査もどちらも結果は「○○％」と表現されますが、それは国民全体という膨大な数の母集団に比べるとわずか数千の対象者（サンプル）から採取したデータを、日本全国の傾向を正しく反映しているかどうかの厳密な検討を行った

上で表現されていることです。

　この「一部のサンプル（対象）から採取したデータによって、その背後にある全体（母集団）の傾向を正しく推測しよう」とするのが、推測統計です。

1）統計的検定（t検定・分散分析）

　複数の母集団の特定の数値の平均値に差があるかを、調査で採取したサンプルのデータから推測して確認するのが「検定」と呼ばれる作業です。例として、各県別の子育て家庭の夫の家事参加時間というデータを考えてみましょう。

　このような調査では全家庭を調べるのは不可能かつ非効率なので、ある程度の数のサンプルについて調べることになります。その際に、A県とB県、あるいは西日本と東日本との2つのグループで平均値に本当に差があるかを確認する場合は「t検定」と呼ばれる手法を、3つ以上グループの場合は「分散分析」を行います。

　ここでいう「本当に差があるか」とは、厳密な言い方をすれば「今回の測定値では少し差が出たが、それが本当に母集団の差によるものだといって問題ないか」というものです。このとき、この数値の差が偶然に測定されたものだという確率を「有意確率」（p）と呼びます。このpの値が0.05（5％）より小さい値の場合は「有意確率5％水準」と呼び、測定値が偶然や誤差ではなく、母集団の実際の差を表している確率が95％以上だったとして「有意である（意味のある差）」として、認められることとなります。

2）その他の分析方法（因子分析・回帰分析）

　「因子分析」とは、測定されたデータから直接はわからないけれども、その奥に隠された何らかの傾向を探る手法です。例えば、たくさんの人にいろいろな行動のパターンを質問紙で答えてもらった場合に、「外向性」や「情緒不安定性」などの傾向が推測されるというものです。レンタルCDショップで、同時に借り出される傾向の高い音楽CD

を調べていけば、「ロック系」や「Ｊポップ系」などの系統が明らかになるという現象に似ています。

「回帰分析」は、人によって異なる２つの要素、例えば子どもの年齢と身長などの数値（変数と呼びます）が、片方の変数でもう片方がどの程度予測できるかを分析する手法です。このとき、年齢は「説明変数」、身長は「目的変数」と呼ばれますが、説明変数が２つ以上ある場合の分析方法を「重回帰分析」といいます。

3-4 知覚および認知の心理学

　人は目や耳や皮膚などを通じて外界の刺激を感じ取り、その情報を脳によって処理します。このプロセスを研究するのが「知覚心理学」と呼ばれる領域です。特に伝統的な知覚心理学の研究分野は「錯覚」に関するものです。人は情報をそのまま取り入れるのではなく、これまでの経験や先天的な傾向に基づいて解釈を加えながら理解しようとします。図3-2のミュラーリヤーの錯視と呼ばれるものが、その代表例です。

　この図においては、上下の横線は同じ長さであるにもかかわらず、そこについている矢羽の向きによって知覚される長さが相当に異なり、外向きの矢羽がついているものは長く、内向きの矢羽がついているものは短く知覚されます。

　この現象がなぜ起こるのかについては諸説ありますが、人の祖先が草原で暮らしていた時代のことを考えるとネコ科の動物やハリネズミなどの毛が逆立っている状態と、そうでない状態とでその動物の大き

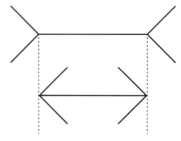

図3-2　ミュラーリヤーの錯視

さや危険度が相当に違うという現象などが参考になるかもしれません。
　また、明るさの知覚については、**図3-3**のような対比と同化の現象が有名です。

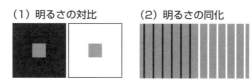

図3-3 明るさの対比と同化
出典：井上和哉：知覚および認知の心理学．福島哲夫ほか『公認心理師必携テキスト』p.150.学研メディカル秀潤社．2018．

　（1）の左右の図中央にある灰色の四角は同じ濃さであるもかかわらず、白に囲まれた右側の方が暗く知覚されます。これは明るさの対比から生まれた知覚の偏りです。
　また（2）は左右同じ濃さの灰色の縦縞が、黒の縦縞が入ることによって左側の方が暗く知覚されます。これは（1）の対比とは逆の同化と呼ばれる現象です。[1]
　認知の心理学とは、近年コンピューターサイエンスの発達とともに注目されている心理学の一分野です。簡単に言えば「人間を情報処理システムとして探究する」という心理学です。「認知」とは、心理学においては「記憶やその想起にまつわる情報処理」を指します。
　この分野の研究例として交通事故や犯罪現場に関する間違った記憶「誤記憶」の研究があります。これは、事故現場や犯罪現場に居合わせた人が、その人からはどうやっても見えなかったはずの犯人の顔について証言したり、反対に凶器だけをよく覚えていて、それ以外の様子は一切記憶にないなどの現象を研究するものです。
　このように人の知覚や認知は、現実をそのまま捉えているわけではなく、独特のクセや歪みをもって捉えているということがわかります。

3-5 学習の心理学

　ここでいう「学習」とは、「経験による比較的永続的な行動の変容」を指します。つまり、何らかの外部からの刺激と自身の反応（経験）によって、ある程度長続きするような行動の変化のことです（「学習」と一口に言われてイメージする「勉強」も、知識が増えるとか、思考力が増すという変化につながりますので、ここでの「学習」の一種に含まるということができます）。

　学習の心理学の最も基礎になっているのは、PART 2 でも触れた「行動主義」と「学習理論」です。これはロシアの心理学者だったパブロフの条件づけの考え方（エサと同時にベルを鳴らすことを繰り返すと、犬はベルの音を聞いただけで、唾液を出すようになるなどの現象）で、刺激と反応の組み合わせで人の行動を理解したり、変えたりすることを出発点としています。これは**古典的条件づけ**（あるいは**レスポンデント条件づけ**）と呼ばれているものです。つまり、エサという「**無条件刺激**」に対して、唾液という「**無条件反応**」が起こっていただけの状態から、エサをベルの音と同時に呈示することを繰り返すと、ベルの音のみでも唾液が出るようになるという行動の変化のことで、これを「学習が成立した」といいます。反対に、このような学習も、ベルの音を鳴らしてもエサが出ないということを繰り返すと、やがて唾液は出なくなります。これを「**消去**」と呼びます。この古典的条件づけは、広告の手法や認知行動療法における治療法として広く応用されています。

　一方、別の形の学習として「**オペラント条件づけ**」と呼ばれるものもあります。これは、実験箱の中のネズミやネコが、偶然レバーを押

したことによって、エサが出ると、その行動を繰り返すようになるという現象です。この時のエサを「強化子」または「報酬」と呼びます。反対に、レバーを押すと微弱な電気が流れると、この行動は減っていきます。この場合、電流を「弱化子」と呼びます。このオペラント条件づけは「応用行動分析」と呼ばれる行動変容のための理論となり、問題行動の治療や障害児の支援に応用されています。

さらに、もう一つの学習理論として大切なのが「観察学習」です。これはバンデューラ（Albert Bandura）というカナダ出身の社会心理学者が明らかにした現象で、大人がバルーン人形（空気で膨らませた人型人形）に暴力をふるう映像を見た幼児は、その後に似たような暴力行動を示すことが増えるという実験結果から得られた理論です。

さらにバンデューラは上記の観察学習の研究や認知心理学の考え方から、「社会的学習理論」を提唱しました。この理論からさらに発展した応用版というべきものが「ソーシャルスキルトレーニング（SST）」（PART 1 の1-5（P35）参照）と呼ばれるものです。

このSSTはうつ病や統合失調症などの精神障害者の社会復帰支援などに用いられる方法で、「買い物場面」や職場での「お願い」「質問」「お礼と謝罪」などの、大切な社会的スキルを含む行動をモデル（多くの場合、その施設のスタッフ）が演じるのを見て、やってみるという方法です。精神障害のある人は、上記のような社会的スキルが苦手なことが多いため、自分一人でストレスを抱えてしまい、結果的に再発しやすくなる場合が多いので、実際的に学んでいく必要があるのです。そしてその場合、モデルをまねてみる「リハーサル」から、それが適切ならスタッフが「ほめる」というフィードバックで強化して、学習を進めていくという方法が効果的なのです。

PART 3

心理学における実証的研究と統計法、研究倫理

3-6 言語の心理学

　新生児は、まずは泣き声しか出せない状態から、落ち着いていて機嫌が良いときの「アー」「ウー」などといった**クーイング**、そして口や唇を使い、複数の音節を組み合わせていく喃語（なんご）が発達していきます。生後９カ月頃から指差しや視線で他者（主に養育者）と関心を共有しようとする**共同注意**が成立するようになります。

　この時期に、養育者は対象となったものの名前を呈示することが多いため（「ママですよ」「ワンワンだね」など）、音と意味との対応があることを学習します。

　幼児の発話は、「ママ」「ワンワン」といった１語のみを用いる時期から、「ママいない」「ワンワンかわいい」などと２語をつなげる時期を経て、さらに目的語や助詞を組み合わせていく段階へと発達し、文法能力が現れていきます。

　このように周囲からの言語刺激でスムーズに「文法」という法則性を整理できる能力（「言語獲得装置」）が、人間には生得的に備わっていると考えるのが、チョムスキー（Noam Chomsky）の「**生成文法**」という考え方です。

　一方で、大人が幼児にわかるような形で話しかけて言語獲得できるように独特のかかわり方をしていて、その中で子供は物事を因果的に筋道を立てて語れるようになっていくという**ブルーナー**（Jerome Seymour Bruner）の「**言語獲得支援システム**」という考え方があります。

　子供の言葉の発達の遅れや、発話・発声の問題には様々なものがあります。音がスムーズに出にくい吃音（きつおん）や、学校などの特定の社会場面で全く話せなくなる「場面緘黙（選択緘黙）」、読み書きだけがうまくできない「ディスクレシア」などがあります。

98

3-7 感情の心理学

・感情の基礎と理論

「感情」にはさまざまな定義がありますが、おおまかな括<ruby>り<rt></rt></ruby>では「情報に対する評価的な反応」とされています。つまり、人や物、出来事や環境に対する「好き嫌い」「快・不快」「喜怒哀楽」などの反応のことです。社会的な生き物である人類は、進化の過程で「仲間と親しく円滑に生活していくため」に、この感情機能を発達させたとされています。

感情には、生理的反応や行動を伴う強い感情である「情動（emotion）」と、漠然として長時間続く「気分（mood）」が含まれます（なお、「情動」と「気分」をまとめて「情緒（affect）」と呼ぶこともあります）。

基本的な感情については、興味・興奮、喜び、驚き、苦悩・不安、怒り、嫌悪、軽蔑、恐怖、恥、罪悪感の10種類とするイザード（Carroll Ellis Izard）、幸福、怒り、悲しみ、嫌悪、驚き、恐怖の6種

図3-4　ラッセルの円環モデル

類とするエクマン（Paul Ekman）のほかに、「感情の次元説」として、「快一不快」「覚醒一睡眠」の２次元上に多くの感情を配置して捉えるという円環モデル（図3-4）を提唱するラッセル（James Russell）（いずれもアメリカの心理学者）と、大きく３つの立場があります。

　近年は、感情の発生と働きを自律神経や脳の扁桃体という部位の興奮から説明する神経生理学的な研究も盛んになっています。

◆感情の認知説
　感情がどのようにして起こるのかということに関して、アーノルド（Magda Blondiau Arnold）は、感情の認知説、つまり刺激と反応の間には認知的評価が介在するとする説を提唱しました。アーノルドの言う認知的評価とは、刺激の「良い一悪い」判断のことであり、それに基づいて、良い刺激には接近し、悪い刺激からは回避する行動傾向が導かれることになり、それらの行動傾向を引き起こす動機づけが意識されると、それが感情体験になるという説です。ラザルス（Richard Lazarus）も同様に、認知・評価を重視するモデルを提唱しています。

◆認知的評価と感情は独立している
　一方で、上記の認知説に対して、ザイアンス（Robert Zajonc）は、認知的評価と感情は独立しているとする論を展開しています。その根拠に単純接触効果を挙げています。単純接触効果とは、初めて接する新奇な対象に繰り返し接触すると、その対象への好意度が上昇するといった現象のことです。この効果は、刺激が意識されない場合でも生じることから、刺激に対する認知的な（意識的な）評価は必ずしも感情体験（好き）に必要ではないことになります。このように、認知的評価を重視する感情の認知説とは対立するものであり、ラザルスーザイアンス論争を引き起こしました。

3-8 人格（パーソナリティ）の心理学

PART 3

心理学における実証的研究と統計法、研究倫理

　「人格」（最近は「パーソナリティ」と呼ばれることの方が多い）とは、「個人のある程度**一貫した行動傾向**」を示す言葉です。この場合の「行動」は、認知、感情、身体行動すべてを含み、「ある程度一貫した」とは、時間が経っても、状況が変わっても同じような行動を示すという意味で使われています。

　パーソナリティに関しては、古くから「**遺伝か**」「**環境か**」という論争が繰り広げられてきました。19世紀後半には、進化論のダーウィンやゴルトンの影響で、進化や遺伝を重視する「優生学」という学問が生まれ、遺伝が重視されました。ところが、20世紀初めになると行動主義心理学のワトソン（PART2の2-2（2）参照）が極端なまでの環境重視の立場をとりました。ほぼ同時期に精神分析学のフロイト（同（3）参照）も生育環境としての親の影響を重視したという意味では、環境重視の立場だったといえます。けれども、神経生理学や脳神経科学が盛んになり、遺伝子情報の解読が進んだ現代では、再び遺伝や先天的な傾向が重視されるようになってきています。このように、この論争は時代とともに優勢・劣勢を繰り返しながら今なお続いています。

　パーソナリティの測定には、「研究」のセクションで説明したさまざまな研究法に加えて、「**投影法**」と呼ばれる心理検査や「**作業検査法**」という手法が用いられます。投影法には、インクの染みが何に見えるかという「**ロールシャッハ・テスト**」や、樹木や人物、風景などを描いてもらう「**描画法**」（図3-5）などがあります。また、ユニークな方法として、一卵性双生児（遺伝的な一致率が100％）と二卵性

101

図3-5 描画法：樹木画テスト（バウムテスト）

双生児（遺伝的な一致率は50％）を比較するという「**双生児法**」があります。

　パーソナリティの把握には、大きく分けて「**類型論**」と「**特性論**」があります。「類型論」はいわゆる「タイプ」のことで、現代心理学においては否定されていますが、血液型や星座ごとに性格を当てはめて論じるのもこの一種といえます。「特性論」は、「外向性」や「誠実さ」などのいくつかの「ものさし」や「指標」で性格を測ろうという考え方です。この考え方は、質問紙法とその統計的な分析にとても合った考え方であり、現代心理学では主流な捉え方となっています。

　特性論では、「**キャッテルの16特性論**」「**アイゼンクの２特性論（後に３特性論）**」、そして近年の「**ビッグファイブ・モデル（５特性）**」が有名です。中でもビッグファイブ・モデルは、性格の特性を「神経症傾向」「外向性」「経験への開放性」「調和性」「誠実性」の５つに絞って測定し、世界中で検証した有力な説です。

PART 4

脳神経の働き、社会心理学、発達心理学、障害児(者)の心理学

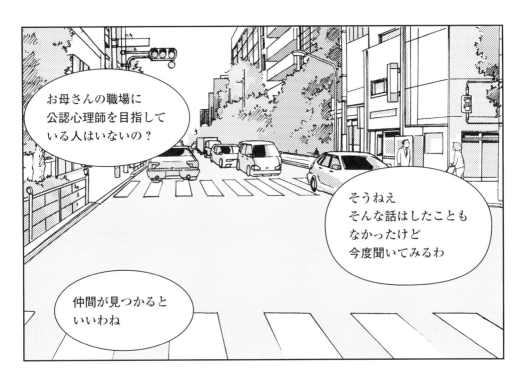

Column　心理学って文系なの？理系なの？

　心理学は文系と理系の両方にまたがる広い学問です。人の心や法律、社会制度ということでは文系、人文社会系の学問です。けれども、心を測定したり、それを分析・統計処理したりなどは、かなり理系的な手続きです。それに心理学には「実験」もあります。コンピューターを使っての「多変量解析」なども習得することになります。

　その分、勉強は大変ですが、面白さも盛りだくさんです。もし、途中で進路変更して一般就職することになっても、サービス業からマーケティングなどのデータに基づいた仕事、さらにビッグデータを扱う仕事にも応用できる、とても広く応用が利く学問です。

　けれども、心理学は、理工学的な学問ほどは「データ主義」「物質主義」ではなく、「感情」や「主観」を扱う学問でもあります。そのため、かえって複雑でわかりにくい印象を抱かれるかもしれません。その分、奥の深い学問だともいえるでしょう。

　心理学の中でももっとも文系的なものは、物語（ナラティブ）論といわれる分野で、これは神話や昔話、児童文学やアニメの分析もします。反対に一番理系的なものは、人工知能（AI）に関係するような理論とプログラミングに関わる心理学といっていいでしょう。

　実際の人間を理解するにあたっては、これらの文系的な要素と理系的な要素とがうまく混ざり合ってバランスが取れているのが理想です。そのためには、文系的な能力と理系的な能力の両方をバランスよく伸ばすのが理想的といえるでしょう。

4-1 脳神経の働き

　脳と神経に関しては、近年研究が一層進み、人間の心にとっての重要性がますます認められつつあります。本章では、簡単にその基本的なところを解説することで、今後専門書を理解する際の手助けとしたいと思います。

　まず、脳神経は、大きく分けて「中枢神経系」と「末梢神経系」から構成されています。中枢神経系は脳と脊髄にある神経です。一方で、末梢神経系は身体全体に張り巡らされた神経で、体性神経と自律神経系に分類され、さらに自律神経系は交感神経と副交感神経に分けられます。

（1）自律神経系の機能

　自律神経系は、その名のとおり私たちの意識を介さずに各臓器や血管を調整しています。自律神経失調症（原因不明のめまいや動悸、激しい頭痛や吐き気などの症状をきたす心身の不調）や、起立性調節障害（朝起きられない、激しい立ちくらみや動悸などの症状をきたす）などもこの自律神経系の不調による心の病です。

　自律神経系は交感神経と副交感神経によって構成されるのは先に述べたとおりですが、交感神経は緊張と興奮に関係し、心拍を上げ呼吸も早まり、戦ったり逃げたりする準備を整える神経系です。反対に副交感神経は胃の消化作用を活発にして、心拍や呼吸を減弱させ落ち着けるなどの役割を担います。この2つの神経系がバランスよく働くことで、私たちは緊張や興奮とリラックスを適度に調節しながら、疲れ

すぎないように活動できることとなります。ところが、このバランスが乱れると、先に挙げた自律神経失調症だけでなく、うつ病やパニック障害、慢性疲労になりやすくなります。

（２）脳神経

脳神経は各感覚器や内臓に走っている神経です。嗅神経や視神経など、12対に分類される神経系です。

（３）ニューロンと神経伝達物質

神経は図4-1のようなニューロンとシナプスによって構成されて

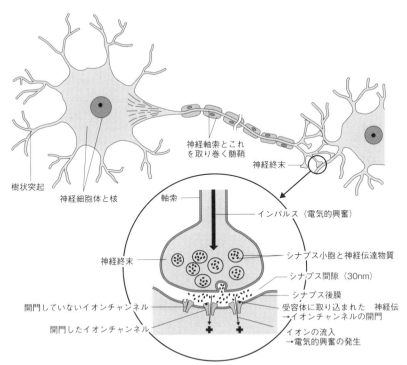

出典：馬場元毅【神経のミクロのしくみ：ニューロンについて】（http://jbf.or.jp/iframe/71/）

図4-1　ニューロンとシナプス、神経伝達物質

います。そしてシナプス（図の丸で囲んだ隙間の前後のこと）を神経伝達物質が行き来することで、信号を伝えていきます。昨今の研究により、この神経伝達物質の過不足がうつ病や統合失調症などの心の病を引き起こすことはわかっていますが、そのメカニズムは十分には解明されていません。

（4）脳の構造とその機能

　脳についても、その構造が明らかになるとともに、それぞれの部位が主として担っている機能も明らかになりつつあります。
　図4-2のように、大脳は中心溝と外側溝によって前頭葉・頭頂葉・

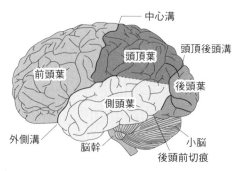

図4-2　大脳と脳幹・小脳

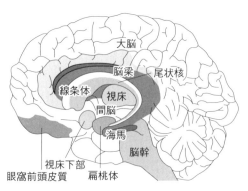

図4-3　大脳辺縁系（扁桃体と海馬、脳幹、視床）

側頭葉・後頭葉に区分されます。前頭葉は主に記憶や思考、計画、意思決定などの合理的判断を担うとされ、頭頂葉は体性感覚（体の向きや姿勢の感覚）や空間認識、側頭葉は視聴覚や記憶、言語など、そして後頭葉は主に視覚に関係しているとされています。

　大脳の奥深くにある情動、意欲、記憶や自律神経活動に関与しているのが「大脳辺縁系」と呼ばれる領域です（図4-3）。

表4-1　大脳辺縁系の部位と機能

部位の名前	主な機能
扁桃体（へんとうたい）	アーモンド形の神経細胞の集まり。「快ー不快」「怒り」「恐怖」などの情動反応の処理や、短期記憶に関して主要な役割を持つ
海馬（かいば）	短期記憶と長期記憶の両方に関わる機能を持つ
視床（ししょう）	感覚情報（身体の向きや位置に関する体性感覚、視覚、聴覚等）を中継し、大脳皮質へ情報を送る
視床下部（ししょうかぶ）	体温や水分維持、睡眠リズム、食欲、性欲に関わる

（5）高次脳機能障害と認知症

　上記のような脳神経の本来の機能が失われていく障害にはさまざまなものがありますが、特に近年注目されているのが「高次脳機能障害」です。これは、生理的調節やホルモンなどの脳の基本的な機能は正常であるにもかかわらず、扁桃体や海馬、大脳皮質などの機能がさまざまな原因で異常をきたすというものです。

　主な高次脳機能障害は表4-2のように9種類あるとされていますが、これらの原因は脳血管障害や認知症などが挙げられます。

表4-2 高次脳機能障害の主な障害内容

主な障害	内容
記憶の障害	直前・最近の出来事や約束などの近時記憶に障害がみられるが、重症化すると「着替え」や「料理」などの手続記憶にも障害が起こる
感情の障害	意欲が低下したり、ちょっとした刺激で泣き笑いが止まらなくなったり、怒りやすくなったりする
判断（遂行）機能の障害	目標や計画を立てて、効率よく何かを行うことが難しくなる
人格変化	以前と比べて気性が激しくなり攻撃性を抑制できなくなったり、自己中心的になったり、依存的になったりする
社会的行動の障害	人格変化の結果、家族や周囲の人との関係が悪化したり、トラブルが増えたりする。時に万引きや性的逸脱などの反社会的行動を抑制できなくなる場合もある
注意障害	適度に気を配ったり、反対に集中したり、あるいはその持続が難しくなる
失認	音や物（特に建物や風景）の区別がつかなくなったり、相手の顔が認識できなくなったりする
失行	物を組み立てたり、衣服を着たりすることができなくなる
失語	「聞く」「話す」「読む」「書く」ことがうまくできなくなる

ふーん、高次脳機能障害って、人間らしい感情や記憶、社会的ルールが損なわれる障害なのね

4-2 社会心理学・集団心理学

PART 4
脳神経の働き、社会心理学、発達心理学、障害児（者）の心理学

　社会心理学や集団心理学は、「人と人」や「人と集団」の影響関係を分析し、法則性を見いだそうとする心理学の一分野です。特に個人の心理を中心としてその影響関係を重視するのが社会心理学で、集団そのものや集団内・集団間の影響関係を重視するのが集団心理学です。

（1）自己と対人関係

　自分自身に関する情報を、本人の意思で他者に伝達することを「**自己開示**」といいます。これによって相手が自分に抱く印象をコントロールできると考えられますが、それがうまくいかなかったり過剰になってしまった場合には、相手に誤解されやすくなります。

　自己開示は、相手との親しさを増したり、減らしたりする重要な行動の一つで、通常は関係が深まるほど自己開示が促進されます。また、こちらが自己開示すると相手もそれに応じて自己開示が増えるという「**自己開示の返報性**」も働きます。

　また、自己開示よりもさらに意図的に自分に関する情報を他者に伝えることを「**自己呈示**」といいますが、中でも「**セルフハンディキャッピング**」は有名です。これは、試験前に部屋の片付けや関係のない読書をしてしまったり、「全然勉強してない！」と周りの人に伝えることで、試験の点数が低いことを自分の能力のせいにしないようにしたり、一方で点数が高かったら「勉強しなかったのに高い点がとれた」という実力の証にしたりする行動です。

　また、対人関係理論として有名なものに「**対人魅力**」（印象形成）

125

や「援助行動」「社会的促進と抑制」があります。「**対人魅力**」（**印象形成**）とは、単純接触効果（触れ合う機会が多いほど魅力を感じる）や身体的特徴（顔立ちや容姿の魅力）、類似性（自分と似ている）、自己開示の程度などによって魅力や印象が大きく変わるという理論です。

「**援助行動**」とは、文字通り他者を援助する行動ですが、これには「困っている人の周囲に人がたくさんいるほど（傍観者が多いほど）、援助行動が抑制される」、つまり、誰もいない駅で人が倒れていたら、声をかけたり駅員さんを呼ぶことが多いのに、混雑している駅では素通りしてしまうという事実も明らかになっています。

「**社会的促進と抑制**」は、他者の存在によって行動が促進されたり抑制されたりする現象です。スポーツなどで見られていた方が頑張れるといった場合を「社会的促進」、1人で重いものを持ち上げる時には全力で持ち上げるのに、複数人で持つ時には1人の時よりも弱い力しか出せないといった場合を「社会的抑制」といいます。

（2）集団心理学－リーダーシップと集団思考－

集団心理学の中でも特に大切なのがリーダーシップと集団思考ですが、リーダーシップの機能には「**集団維持機能：P**」と「**目標達成機能：M**」があるとする「**PM理論**」が有名です。図4-4のように強い機能を大文字で、弱い機能を小文字で表現することで「PM型」「Pm型」「pM型」「pm型」という4タイプのリーダーに分類されます。P機能とM機能の両方を高い水準で発揮しているPM型リーダーは、集団の課題達成やメンバーの満足度などの成果に対して最も効果的であることが確認されています。

一方、集団の機能や効果についてですが、1人で物事を決めるより、集団で討議して決める方がより極端な方向になりやすいという現象を「**集団極性化**」と呼びます。極端な変革も極端な現状維持もこの現象の結果といえます。この現象は、①集団のまとまり（**凝集性**）や**同調**

126

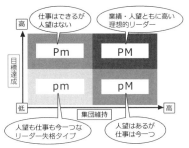

図4-4 リーダーシップのPM理論

圧力（異論を唱えにくい雰囲気）が強い、②外部からの情報が少ない、③専制的なリーダーがいる、④強力なライバル集団がいるという要素がある場合に起こりやすいとされています。このような現象を「**集団思考**」と呼び、時に悲惨な結果を招くものとして研究されています。

また、社会の中における個人に見られる認知の特徴として「バイアス」があり、代表的なバイアスに「**確証バイアス**」があります。これは、自分が以前から抱いている考えに合った情報だけを取り入れ、それに反した情報を無意識的に無視してしまうことをいいます。例えば、「子どもは実の親と暮らすのが一番幸せだ」という考えを抱いていたとしたら、それに合う事例や情報しか取り入れないことなどがその典型です。

◆文化的自己観

より大きな集団として、個人が属している社会の文化が個人に及ぼす影響も無視できません。このような影響の代表例として「文化的自己観」が挙げられます。この文化的自己観には「**相互独立的自己観**」と「**相互協調的自己観**」があるといわれています。

相互独立的自己観とは、主に欧米で共有されているとされ、例えば自分をアピールする際にも、能力や成果を上げることが多いのに対して、東洋で共有されていることの多い相互協調的自己観においては、自分をアピールする際も、周囲の人との関係性を挙げることが多いとされます。

4-3 発達心理学

　人は生まれてから死んでいくまでの過程で、常に変化していきます。発達心理学は、人が受精してから死に至るまでの心身における変化を扱います。ここには新しい機能の獲得（前進的変化）と衰退・消失（後退的変化）が含まれますが、発達心理学では、成長＝前進的変化（量的な増大）のみが良しとされるのではなく、後退的変化も必ずしも悪いことではないという前提に立っています。

（1）愛着（アタッチメント）理論

　特定の個体に対して持つ情愛的きずなを「愛着」（アタッチメント）と呼びます。成長とともにその対象は主な養育者から徐々に友人や恋人・配偶者に広がっていきます。この愛着が健全に形成されないと、成人してから過度の依存やしがみつき、あるいは誰とも親しくなれないなどの問題を起こしやすくなります。

（2）ピアジェの認知発達理論

　スイスの心理学者・ピアジェ（Jean Piaget）は、子どもが物事を認識する働き（認知機能）に注目し、その発達を4つの段階に整理し、成長とともに認知機能も発達するとしています（**表4-3**）。

表4-3 ピアジェの認知発達段階

認知発達段階	年齢	特徴
感覚運動期	0歳～2歳頃	「対象の永続性」を獲得し、物や人が隠されても、それを移動させない限りは、そこにあり続けるということが理解できるようになる
前操作期	2歳～6歳頃	「ごっこ遊び」や「見立て遊び」ができるようになるが、自分以外の視点で物事を捉えることはできない「思考の自己中心性」の特徴がみられる
具体的操作期	6歳～12歳頃	自分とは異なる視点から物事を考えるようになり、見かけの形は違っても数は同じであるといった「保存の概念」を獲得する
形式的操作期	12歳頃～	具体的なものに縛られることなく抽象的・形式的に思考できるようになり、事実と異なる可能性について思考や推論ができるようになる

（3）エリクソンの発達段階

　一方、アメリカのエリクソン（Erik Homburger Erikson）は、個人の心の発達や安定における社会との関わりを重視して、以下のような8つの発達段階を仮定しました。このような各段階にある課題を克服していくことで精神的な発達を遂げるとし、そこで獲得されるものを「**活力**」（徳）として挙げています（**表4-4**）。

　表4-4の乳幼児期における「**基本的信頼**」とは「この世界が一貫して続く信頼のおけるものである」という信念です。これは養育者が不適切だったり、一貫性を欠く養育をしたりしないことで育まれるとされています。

　また、幼児期前期の「**自律性**」とは「自分のやり方やペースで試すことによって培われる技能」のことです。これは、この時期の「トイレットトレーニング」に代表される「自分でできる」という感覚です。この感覚は、養育者の過保護や援助の欠如によって、疑念や失敗に伴う恥が強まるとされます。

表4-4 エリクソンの発達課題

発達段階	危機（発達課題）	獲得される活力（徳）
乳幼児期	基本的信頼　対　不信	希望
幼児前期	自律性　対　恥・疑惑	意思
幼児後期	自発性　対　罪悪感	決意
学齢期	勤勉性　対　劣等感	有能感
青年期	同一性　対　同一性の拡散	忠誠
初期成人期	親密性　対　孤独	愛
成人期	世代性　対　停滞	世話
高齢期	自己統合　対　絶望	英知

出典：エリク・H・エリクソン：Childhood and society（revised edition）. 幼児期と社会1（仁科弥生訳）.
みすず書房，1977

　さらに幼児後期の「**自発性**」や学齢期の「**勤勉性**」は、より一層「自分から頑張る」「達成を目指す」という姿勢で、これに対して活動の過度の抑制や制限・批判（つまり過保護や過干渉）によって罪悪感や劣等感が強まるとされています。

　ところが、青年期（現代では10代後半から20代前半まで）になると、それまでの発達の総決算として「自分は何者で、これからどうなっていくのか」や「自分で思っている自分と、周りから思われている自分との異同」などが重要になってきます。これをエリクソンは「**アイデンティティ**」（**同一性**）と呼び、20代前半までの大きな課題としました。

　そして20代後半（初期成人期）になると、友人や恋人との関係がとても重要になってくる「**親密性**」とその失敗による「**孤独**」が課題となります。他者との過度の競争や闘争的な関係が孤立につながるとされます。この時期にパートナーと出会い、新たな家庭を築くことができると、成年期の「次の世代を育てる」という「**世代性**」も発揮できます。この課題は我が子や後輩、教え子を育てることで達成されますが、失敗すると「停滞」を生むことになります。

　高齢期になると、「これまでの自分」の総決算として、自分の人生すべてを受け入れ、これまでの自分のたどってきた道やさまざまな自

分のあり方を一つのまとまりとして「**自己統合**」できるか、あるいは「もう遅すぎて取り戻せない」という「**絶望**」の感情を招くとしています。

◆仲間関係の変化

　エリクソンの発達課題とは別に、発達とともに仲間関係がどのように変化するかという知見があります。まずは乳児期に仲間に対する興味・関心が生じることで、仲間関係を築く土壌が整い、幼児期に仲間関係のあり方が急激に発達していきます。さらに、児童期、青年期になると、子どもは少しずつ親から離れて、仲間関係中心の生活へと移行し始めます。そして、青年期に入ると、仲間と自分の違いを明らかにしながら、青年期の発達課題であるアイデンティティを確立していきます。

　児童期、青年期の仲間関係の形態は、表4-5のように捉えられています。

表4-5 仲間関係の形態とその特徴

仲間関係の形態	年齢	発達の特徴
ギャング・グループ	小学校高学年	どちらかというと男子に特徴的である。子どもはギャング・グループでの行動を通して、役割遂行、規範、協力、責任感といった人づきあいのしかた（社会的スキル）を習得するのである。時には大人から禁じられていることを仲間と一緒にやりたがることが、"ギャング"と呼ばれるゆえんである。
チャム・グループ	中学生頃	どちらかというと女子に特徴的である。メンバー同士の共通性が重視され、自分たちにしかわからないことばを作り出し、そのことばが分かるものが仲間であるという同一言語により集団の境界線を引くというものも特徴的である。
ピア・グループ	高校生以上	ピア（peer）とは"対等な友人"という意味で、ピア・グループの関係ではお互いがそれぞれの個性を尊重し、互いの価値観や理想、将来の生き方などを語り合う。共通点・類似性だけでなく、互いの異質性をぶつけ合いながらもその異質性を認め合い、違いを乗り越えて共にいることができる点がチャム・グループとは異なる特徴である。

出典：外山美樹：発達心理学. 福島哲夫ほか『公認心理師必携テキスト』p.270.学研メディカル秀潤社. 2018.

4-4 障害児（者）の心理学

　発達心理学が大多数の人がたどっていく発達のプロセスや内容（定型発達）を研究するものであったのに対して、障害児（者）心理学は、何らかの課題（不便さ）を抱える発達のあり方について研究する心理学です。

　なお、心理学で扱われる「障害」は、場合によっては修復可能な障害から、何らかの対応によって十分にカバーすることができる障害も含む、通常その言葉から連想される事柄よりも、ずっと幅の広い意味を持っています。心理学で対象とされる障害の代表例の一つが「発達障害」ですが、発達障害は、全般的な知能の障害がある知的障害とは異なり、「知能の偏り」と捉えられるものです。発達障害と診断される人の中には特殊な能力に秀でている人も少なくないため「発達障害は個性である。けれども特別な理解と支援を必要とする個性である」と言われています。

　図4-5の中でも「広汎性発達障害」（PDD）と呼ばれる障害は、知的な遅れは見られないものの、社会性やコミュニケーションに問題が見られます。例えば「人の話を聞くときは、相手の目をちゃんと見なさい」と親や先生に言われると、相手の目をずっと見つめたままになってしまうなどの「字義どおりの受け取り」や、自分が決めた予定やルールに極端にこだわるなどの特徴があります。

　一方、「学習障害」（LD）と呼ばれる障害は、やはり知的には問題がないにもかかわらず、文章を読むことや文字を書くこと、数の計算など一定の学習を極端に苦手とする障害です。教科書を読むときには

PDD（広汎性発達障害）
自閉性障害（自閉症）・アスペルガー症候群など。社会性、コミュニケーション、想像性に問題がある。アスペルガー症候群は、知的な遅れはみられないが、障害の特性は共通している。

LD（学習障害）
全般的な知的障害はないが、読む、書く、計算するという学習に必要な能力の一部が極端に働かないため、学習面でのつまづきが生じてしまう。

ADHD（注意欠如・多動性症）
極端な多動性、衝動性、不注意の3種類の症状が特徴。どの症状が強く出るかは個人差があり、年齢によっても変わってくる。

図4-5　発達障害

別の行の文字が目に入って読めなくなることがあるので、別の行を紙で隠すと読みやすくなるなど、小さな工夫が大きな違いを呼ぶという特性があります。

「注意欠如・多動症」（ADHD）は、極端に落ち着きがなかったり、「思いついたことは何でも口にしたり、行動に移してしまう」などの衝動性、忘れ物が多かったり、数分前に注意されたこともすぐに忘れてしまうなどの不注意がある障害です。どのタイプかによってもかなりの違いがあるので、被援助者のタイプをしっかりと理解した上での支援が必要となります。

発達障害の支援には、小さな工夫が大きな違いを呼ぶのね！

発達障害には、重複や併存が多いのも特徴ね！

実際の公認心理師試験について

　2018年9月に実施された第一回公認心理師国家試験は以下のような形で実施されました。今後変更される可能性はありますが、とりあえず最初の5年間はあまり変わらないと考えられます。

試験の実施形態

　試験は午前・午後と120分ずつ、合計240分で実施されます。試験問題は全154問ですので、1問に90秒あまり使える計算です。そのうちの4分の1が事例問題で、午前午後の両方の後半部分に配置されています。回答形式は5つの選択肢の中から1つ選ぶもの、4つの中から1つ選ぶもの、さらに5つの中から2つ選ぶものという3種類です。これらがさらに「最も適切なものを選べ」という設問と「不適切なものを選べ」という2種類があります。

試験内容

　試験問題は「基本的な知識を問う問題」と「深くて広い問題」とがバランスよく出題されています。その意味では基本的な知識を問う問題を必ず正答し、事例問題も常識的な判断をもってすれば、かなり点を稼げること、それでも、広く深く勉強しておかないと受かりにくいということができるでしょう。

　出題範囲として、災害関連のサイコロジカル・ファーストエイド、児童虐待、多職種連携、地域連携などが順当に出題される傾向があります。

出題基準

　公認心理師国家試験の出題基準（いわゆる「ブループリント」）は以下のサイトから読むことができます（本書P202に掲載しています）。

http://shinri-kenshu.jp/wp-content/uploads/2017/10/queststandart_2019.pdf

134

PART 5
心理状態の分析と支援、健康・医療に関する心理学

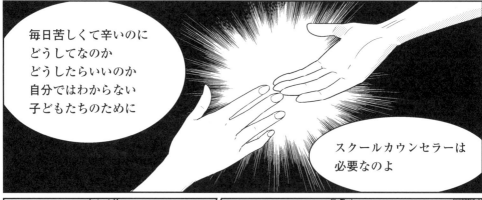

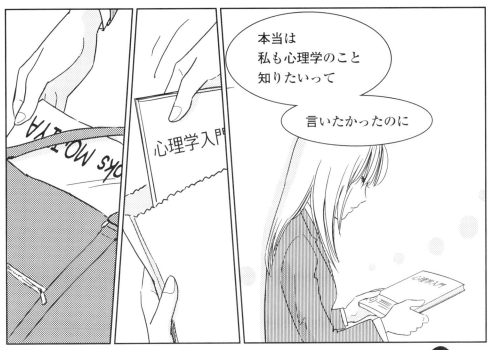

Column 公認心理師に必要な心の鍛錬とは？
──喜怒哀楽とともにトラブルを乗り越えていく力──

　PART1のコラムに「勉強だけではなく、「自分の心を磨く」という独特の鍛錬が必要です」と書きました。これはどういうことを指すのでしょうか？
　実は、それはちょうどこのPART5のように「心のトラブルを乗り越えて、それを修復する力」です。しかも強気に「気にしない、気にしない！」と乗り切るのではなく、ちゃんと向き合って乗り切るという乗り越え方です。
　心のトラブルには、傷つきや悲しみを含む「喜怒哀楽」などの感情がつきものです。自分や相手の怒りや悲しみを共有しつつ、そこから逃げずにしっかりと受け止めて、それを乗り越えるというのが、とても大切な態度です。そこには「相手に対する信頼感」⇒「率直な気持ちの表明」⇒「苦痛な感情の共有」⇒「自分を振り返っての受容や謝罪」⇒「感情や関係の修復」というプロセスが見られます。このプロセスをしっかりとたどれるようになることが、「自分の心を磨く」ということそのものです。
　そして、このプロセスをクライエント（支援を求める人）とともに歩めることが、公認心理師の独自の専門性となります。
　このプロセスから逃げたり、回避したり、押さえ込んでいるうちは、あまり人の心の苦しみの援助はできないと思った方がいいでしょう。

5-1 心理アセスメント

　公認心理師法2条の定める公認心理師の業務に「心理に関する支援を要する者の心理状態を観察し、その結果を分析すること」（1号）とあります。この業務を「心理アセスメント」と呼びます。

　ただし、この場合の「観察」は「少し離れたところから冷静に見る」という通常の意味というよりも、関与しながらの観察や、面接・面談、心理検査を用いたアセスメントが中心となります。

　この「アセスメント」とは、医師が行う「診断」とは違い、「見通しや可能性を見つめるもの」と表現するとわかりやすいでしょう。診断は心身の病理を分類に当てはめてラベリングするものですが、アセスメントは観察や面接、心理検査等を通じてその人の特性や抱える問題を見つめ、全体的なその人らしさを理解することといえます。

（1）観察で明らかにすること

　観察が重要となるのは、主に子どもを対象とする場合です。保育園や幼稚園、小学校で「集団行動が苦手」「場面の切り替えについていけない」「クラス内で落ち着きがない」などの問題が指摘された場合、公認心理師がそのクラスに行って観察し、アセスメントする形になりますが、このとき、「その子が何に反応して、何を感じてそうなっているのか」の観察が重要となります。例えば、「他の子にとってはまったく気にならない先生の大きな声が気になっているのかもしれない」「子どもたちのおしゃべりに反応してうまく行動できないのかもしれない」「とにかくマイペースを貫いているのかもしれない」「家庭で何

か重大なストレスがあるのかもしれない」など、単にその子の行動を
観察するだけでなく、その前後のつながりや背後にあるものを推測し
たりしながら観察するのが、公認心理師による「観察」です。

（2）関与しながらの観察

　公認心理師にとって、「関与しながらの観察」はとても重要な考え
方です。元々はアメリカの精神科医であり、対人関係論的精神分析学
者でもあったサリヴァン（Harry Stack Sullivan,1947）が唱えたも
のです。クライエントの苦悩や葛藤に共感的理解を示す「関与」をし
ながら、クライエントの表情や態度、状況を客観的に「観察」すると
いう態度を指します。

　これは、観察と面接・相談の両方に共通することですが、「観察・
面接する側も相手に何らかの影響を及ぼしている」という認識が出発
点になります。観察する側とされる側の関係をも観察しながら、そこ
でやりとりされる「主観」をも排除せずに、できるだけ客観的に観察
することが大切となります。

　例えば、担任教師から依頼されて、ある児童のいる教室に観察に行
ったとしましょう。その児童は、心理師の来訪に反応して、より緊張
や興奮の度合いを高めているかもしれません。あるいは、心理師に対
して何かをアピールしようとしているかもしれません。反対に、「よ
く知らない人（＝心理師）がいる」と、静かになっているかもしれま
せん。心理師は、こうした「心理師と対象児童の関係性」をも含めて
観察しなければならないのです。

　また、この時に感じる「この子を見ていると、妙にイライラする
（から他の大人たちもイライラするんだろうな）」とか「どこか憎め
ない感じがする（から、大人たちはついつい許してしまうんだろうな）」
などのように、観察する側に湧き起こる主観的な反応もとても重要な
情報になります（このことをサリヴァンは「観察者自身を道具として
使う」と述べています）。当然、主観に振り回されたり、主観によっ

PART
5

心理状態の分析と支援、健康・医療に関する心理学

153

て何かを決めつけるようなことは禁物ですが、こうした主観をも含む観察結果を客観的に記録・記憶し、その後の支援に活かすことが大切になります。

（3）面接で明らかにすること

対象者のとの面接で明らかにするべきことは、主に**表5-1**に挙げた点です。

表5-1 面接で明らかにすること

名称	内容
主訴	今現在困っていること／悩んでいること
問題歴	いつ頃からどんな問題に悩んでいるか／それはどんなきっかけで発生したのか
生育歴・家族歴	どのような生い立ちで、家族はどんな人でどんな関係か
来談歴・来談経路	これまでどのようなところに相談したか／今回どのような経緯ときっかけで相談に来たのか
学歴・職歴	どんな学歴や職歴を経ているのか

これらはすべて極めてプライベートな情報ですが、だからこそ今後の支援にとっても非常に大切な情報となります。これらを聞く際、心理師の態度が「事務的」であったり、「尋問するかのよう」であれば、当然対象者は傷ついたり怒りを覚え、支援にも悪影響を及ぼしてしまいます。あくまで「教えてほしい」「支援したいから知りたい」という態度で聞くことが大切です。

（4）心理検査で明らかにすること

面接時などに行われる心理検査には、**表5-2**のような種類があります。

中でも、その検査技能の習得の大変さと、知り得るものの情報量の多さで投影法に勝るものはありません。**表5-3**にその代表的な投影

法検査を示します。

表5-2 主な心理検査の種類

名前	特徴	明らかになるもの
投影法（投映法）	曖昧な刺激に自由に答える	パーソナリティやその病理
質問紙法	統計的に検証された質問項目に答える	パーソナリティや「不安」や「抑うつ気分」
作業検査法	限られた時間に、机上で一定の作業を行う	情緒の安定度合いや、気質など
その他知能検査など	複数の領域にわたる検査によって知的発達の様子を推測する	各領域の知能の高さと、偏り

表5-3 代表的な投影法心理検査とその特徴

ロールシャッハテスト	インクの染みを左右対称に開いた抽象的な図版を10枚提示し、自由な反応を求めるテスト。パーソナリティや病理の程度を評価することができる
絵画統覚検査（TAT）	主に人物が描かれている図版を10枚〜20枚提示し、物語を作成することを求めるテスト。個人の中の基本的欲求や葛藤について明らかにすることができる
文章完成法（SCT）	未完成の文章を完成させることを求めるテスト。「知的側面」「情意的側面」「指向的側面」「力動的側面」のパーソナリティ、身体、家族、社会の3要因が設定され、これらから解釈を行う
絵画欲求不満テスト（P—Fスタディ）	葛藤が生じるような欲求不満場面（24場面）における反応を求めるテスト。児童用、青年用、成人用がある。欲求不満や攻撃といった観点からパーソナリティを理解する際に役立つ検査
視覚・運動ゲシュタルト・テスト（ベンダー・ゲシュタルト・テスト）	9枚の簡単な幾何図形を模写することを求めるテスト。形を把握する機能の成熟度や心理的障害、脳障害、パーソナリティや知的側面を測定する
家・木・人テスト（HTPテスト）	3枚の紙に「家」「木」「人」を書いてもらうテスト。パーソナリティの感受性、成熟性、柔軟性、効率性、統合度や人格と環境との相互作用などに関する情報を得ることができる
バウムテスト	A4用紙に2Bの鉛筆で「実のなる木」を1本描画してもらうテスト。パーソナリティの理解に用いることもあるが、精神的病理の診断の補助的手段ともされている

5-2 心理学的支援と心理療法

　公認心理師法2条に掲げられる公認心理師の業務として「心理に関する支援を要する者に対し、その心理に関する相談に応じ、助言、指導その他の援助を行うこと」（2号）と、「心理に関する支援を要する者の関係者に対し、その相談に応じ、助言、指導その他の援助を行うこと」（3号）とがあります。

　ここで挙げられている「助言、指導その他」の援助とは、一般的に連想される「あなたは○○した方がいいですよ」「○○の時は△△した方がいいですよ」といった助言・指導とはかなり異なるものです。むしろ、こうした助言・指導は、心理学的支援としてはほんの入り口に過ぎません。

　こうした単なる一般的な助言や指導とは異なるカウンセリングや心理療法は、どのように確立していったのでしょうか。

　心理療法は、19世紀に催眠療法を中心にヨーロッパで発祥し、現在までに多くの学派が誕生しています。まず、フロイト（Sigmund Freud）の精神分析によって無意識の概念が提唱されてから、ユング（Carl Gustav Jung）の分析心理学派、アドラー（Alfred Adler）の個人心理学派が深層心理学的な心理療法を確立させました。

　一方、アメリカでは、「一番自分らしいと感じる自分になる」という自己実現や、人間の成長を目標とした人間性中心主義の心理療法としてロジャース（Carl Ransom Rogers）が来談者中心療法、パールズ（Frederick Salomon Perls）がゲシュタルト療法を提唱しました。近年では、より構造化された短期療法として、ベック（Aaron Temkin Beck）の認知療法・認知行動療法がうつ病と不安障害などの治療の一

つとして効果が認められています。

以下では、精神分析、分析心理学、来談者中心療法、遊戯療法、集団療法、家族療法、認知療法・認知行動療法を取り上げて簡単に説明します。

（1）精神分析

精神分析は、フロイトによるヒステリー患者の治療に始まりました。ヒステリーとは、身体機能にはまったく問題がないのに立てなくなったり、目や耳が一時的に不自由になるなど、19世紀初頭のヨーロッパでかなり頻繁に見られ、その後日本でも見られるようになった心の症状です。フロイトは、このヒステリーの原因は「未解決の心の葛藤が抑圧された（心の中で閉じ込められた）もの」であり、こうした心の深層にある欲動によって引き起こされた抑圧せざるを得ない葛藤状況が症状を形成している、つまり、心の傷つきや不安・嫉妬、あるいは「もっと注目されたい」などの欲求が、その気持ちを抑え込む働きと葛藤を起こし、歩けなくなったり、目や耳が不自由になったりすると考えました。この精神分析は、その後、心の深層の無意識を重視する立場から、次第に親子などの養育者との関係、そしてそれが治療者との間で再現される（「転移」と呼ばれます）ような「関係性」を重視する方向へと発展しました。

（2）分析心理学（ユング派）

ユングの創始した分析心理学では、精神分析とは異なり、無意識の持つ変容促進効果、つまり自己実現の促進を重視しました。そのため、無意識の世界を体験させるための技法として夢分析や箱庭療法・描画法が用いられています。このように象徴的な表現の持つ力や創造活動の持つ効果を見いだしたことは、その後の心理療法に大きな影響を与えました。

（3）来談者中心療法

　ロジャースは、「人間性の成長」という観点で非指示的な心理療法（＝来談者中心療法）を提唱しました。これは、クライエントのみならず、カウンセラーの人間的成長にも重きを置いたことが特徴とされています。

　来談者中心療法では、パーソナリティ変容のための6条件として、カウンセラーの基本的態度とクライエントの条件とが示されています（表5-4）。カウンセラーの基本的態度が満たされている場では、クライエントは自然と自己洞察が深まり、自己成長が進んでいくとともに、自己概念（ありたい自分）と現実自己（日々経験する自分）との差が縮まり、心理的不適応が解消されていくと考えられています（PART2のp66〜67参照）。このようなカウンセラーの態度やカウンセラーとクライエントとの関係性そのものが治療につながるという考えは、心理療法において非常に重要な発見であったといえるでしょう。

　ロジャースの来談者中心療法は、その後の心理療法すべての基礎となっていると言っても過言ではありません。

表5-4　ロジャースの6条件（カッコ内は筆者による）

第1条件	2人の人間が心理的接触を持っていること（つまり、2人の間で心が触れ合ったり、お互いに対して何らかの思いを抱いていること）
第2条件	クライエントは自己不一致（「○○したいけれどできない」「もっと自信を持ちたい」など）の状態にあり、傷つきやすく不安な状態にある
第3条件	セラピスト（カウンセラー）は、2人の関係の中で一致しており、統合している（純粋な気持ちで、裏表なく接している）
第4条件	セラピストは、クライエントに対して無条件の肯定的配慮（無条件の温かさや肯定的態度）をもっている
第5条件	セラピストは、クライエントの感じ方や考え方を共感的に理解しており、それをクライエントに伝えようとしている
第6条件	セラピストの共感的理解と無条件の肯定的配慮が、最低限クライエントに伝わっている

（これら6条件のうち、特に3〜5の3条件が重要だとされています）

（4）遊戯療法

遊戯療法は、言葉が未発達な子どもに対して行われる遊びを通した心理療法です。

精神分析の流れを汲むアンナ・フロイト（Anna Freud）とクライン（Melanie Klein）が児童分析を創始し、遊戯療法として発展させました。

クラインは、子どもの遊びを「無意識の象徴」と捉えて、子どもの心理療法に精神分析の理論を適用しました。一方で、アンナ・フロイトは、子どもの遊びのみならず、母親が子どもに与える影響を重視しました。彼女は、時には治療者が母親代わりのような振る舞いをしながら治療を進めたり、親にもカウンセリングをするなどの工夫を重ね、現代の子どもの心理療法の基盤となる視点を確立しました。その後、来談者中心療法の流れを汲むアクスライン（Virginia M. Axline）が、児童中心療法として遊戯療法に対する治療者の基本姿勢を示しています。

どの立場の遊戯療法も、「決められた時間に同じ部屋で、同じ担当者が1対1で継続する」点は共通しています。そのような、ある意味「非日常の時間と空間」においてこそ、児童の真の問題（トラウマや本当の欲求や不安）が表現され、単なる遊びとは違う「遊びを通した心理療法」が成立するのです。

（5）集団療法（グループセラピー）

集団療法は、言語または行動を通じてグループ自体を変化させ、その中の個人も変化させようとする治療法です。そのグループの「支え機能の高低」、時間とともに経過する「プロセス」や「メンバー同士の関係性」などを活かして変化を促進していきます。一般に、人が変化するためには、個人カウンセリングでの「カウンセラーとクライエ

ント」という対等ではない関係では得られない、横並びの関係から得られる体験がとても重要な場合があります。こうした側面から、集団療法は、セラピーのみならずトレーニングや心理的成長を促すものとしても活用されています。

　集団療法は、まず1920年代にモレノ（Jacob Levy Moreno）によって「サイコドラマ」が創始されました。サイコドラマでは、クライエントがさまざまな役割を演じることで、今までうまく発揮されてこなかった新たな部分が表現され、「自発性」と「創造性」が高まり、問題解決の力が生まれると考えられています。さらに1940年代以降、集中的グループ体験として「感受性訓練」や「Tグループ」、ロジャースによる「エンカウンター・グループ」「行動主義的集団心理療法」（ソーシャルスキルトレーニング（SST）など）へと発展しています。

（6）家族療法

　家族療法は、1950年代にシステム理論の影響を受け、家族を「単なる個人の集まり」ではなく、1つの「システム」として捉える視点がベイトソン（Gregory Bateson）によって取り入れられ、「システム論的家族療法」として発展しました。家族療法では、その他にもボーエン（Murray Bowen）による「多世代派」と呼ばれる学派と、ミニューチン（Salvador Minuchin）の「構造派」理論とが有名です。多世代派は、家族や家族メンバーの問題を世代を超えた家族の関係から理解することを重視し、「ジェノグラム」と呼ばれる家族関係図を描いて整理していきます。一方、「構造派」は家族の構造を重視し、家族間の境界と連合という視点から家族を捉えます。健康な家族は特に夫婦間の連合が強く、世代間に明確な境界があるとされています。この理論を基にすると、例えば父親と娘の関係が強すぎて母親が疎外されている家族が不健康であることなどは、すぐに理解できるでしょう。

（7）認知療法・認知行動療法

現在、うつ病の治療への効果が認められ、積極的に取り入れられているのが認知療法・認知行動療法（以下「CBT」）です。CBTは、1970年代に精神分析を学んだベック（Aaron Temkin Beck）によってうつ病の治療法として考案されました。

強いストレス状況のもとでは、認知（物事の捉え方）に偏りが生じ、非現実的で不適応的な反応を示し、その結果として抑うつ感や不安感が強くなるという悪循環が生じると考えられています。例えば「私は、学校（会社）の全員から嫌われている」という認知が生じると、そのせいで気分も落ち込んで積極的になれず、せっかくの友人からの誘いも断ってしまうということになりがちです。そして、それ以降その友達からも誘われなくなると、「やっぱり嫌われている」という認知が強まってしまうのです。

このような認知の偏りを修正するために、ある状況で頭に自然と浮かぶ考えやイメージ（認知／自動思考）に注目して認知のあり方を検証し、より適応的な認知に修正していくのです（図5-1）。

図5-1 認知療法・認知行動療法の理論的背景
同じ出来事があっても、それをどう捉えるかという認知と、その元にある自動思考によって、気分や感情はさまざまに変わる。

5-3 健康・医療に関する心理学

　健康・医療に関する心理学で代表的な理論は、「ストレス理論」と「心身症、がん・終末期医療に関する心理学」、そして「災害時のメンタルヘルス」です。

　「ストレス」は元来は物理学の用語で、「ゆがみ」や「ひずみ」という意味で使われます。通常、ある程度以上の有害な刺激を受けると、心身にはゆがんだ反応が引き起こされます。学術的には、この時の有害な刺激を「ストレッサー」、引き起こされた反応を「ストレス」と定義することが多いのですが、一般用語としては、有害な刺激そのものを「ストレス」と呼ぶことが多いようです。このストレッサーには物理的なものだけでなく、対人関係や家族関係、さらには受験、就職、結婚・離婚などのライフイベントなど、誰もが経験する可能性の高い刺激が含まれます。

（1）ストレス対処（コーピング）

　ストレスには、その圧力に打ち勝ったり、それを減少させたり受け入れたりするための対処が大切となります。これを「ストレス対処」（ストレスコーピング）と呼びます。ストレスコーピングの研究で有名なラザルス（Richard S. Lazarus）らは、この対処法を「問題焦点型コーピング」と「情動焦点型コーピング」に分けて研究しました。「問題焦点型コーピング」とは問題そのものを直接解決することを目指す対処法であり、「情動焦点型コーピング」とは、そのストレッサーによって引き起こされた情動（つらい・不安だなどの感情）を扱う

対処法です。

例えば、理不尽な教師や上司の振る舞いがあった場合に、反論したり正式に異議を唱えて対処するのが問題焦点型コーピングであり、その教師や上司の振る舞いから生じた気持ちの辛さを信頼できる人に聴いてもらったり、スポーツジムやカラオケなどに行って発散するというのが情動焦点型コーピングとなります。

近年では、「これから生じるかもしれないストレッサーに対して、挑戦的な自己成長の機会とみなす」ことで対処する「プロアクティブコーピング」という概念も提唱されています。

（2）心身症とその他の機能性身体症候群

心身症とは、実際の身体に生じる疾患で、その原因に心理学的な因子が密接に関わっているものをいいます。代表的なものに過呼吸症候群、神経性の咳、胃潰瘍・十二指腸潰瘍などがあります。

また、原因不明の疲労感や頭痛、関節痛や筋肉痛など、医学的には説明できない症状に対しては「機能性身体症候群」と呼ばれるようになりました。代表的なものに過敏性腸症候群や緊張性頭痛、慢性疲労症候群などがありますが、これらの症状は心理学的な配慮が必要とされています。

（3）生活習慣病とストレス

生活習慣病は、食生活や運動習慣、休養、喫煙、飲酒といったいわゆる「生活習慣」が発症や進行に影響を及ぼす疾患をいいます。代表的なものに高脂血症、糖尿病、高血圧、肥満、心筋梗塞や狭心症などがあります。

ストレスやストレスを原因とする心身症や生活習慣病は抑うつや不安を伴うことも多く、それがさらに治療意欲を下げるという悪循環を引き起こしやすいことから、身体的治療と並行して心理療法的なアプ

PART
5
心理状態の分析と支援、健康・医療に関する心理学

ローチが必要な場合が少なくありません。その際には、当然ながら他職種との連携が重要となります。

（4）医療機関における心理的問題

　身体疾患の患者はうつ病や不安障害などにもかかりやすいことが知られています。このような問題に対して、大学病院や大規模な総合病院では「精神科リエゾン（つながりを意味するフランス語）」として精神科医が単独で、もしくは精神科医、リエゾン看護師、心理士、ソーシャルワーカーなどが精神科リエゾンチームとして関わっている場合があります。

　このほか、遺伝性の疾患や難病、HIV診療、臓器移植などに関連する心理的な問題へのカウンセリングの必要性についても、ますます注目されるようになってきています。

（5）がん患者への支援と終末期・緩和医療 （緩和ケア）に伴う心理支援

　わが国では現在、生涯で2人に1人ががんに罹患し、男性では4人に1人、女性では6人に1人ががんで亡くなるとされています。そのような状況を受けて、2006年にはがん対策基本法が成立するとともに、厚生労働省による「人生の最終段階における医療・ケアの決定プロセスに関するガイドライン」も2018年に改訂され、本人の意思やその人らしさを重視する方向へと進んでいます。

　がんなどの生命を脅かす病に関連する問題に直面している患者とその家族のQOL（生活の質）を、痛みやその他の身体的・心理社会的・スピリチュアルな問題を早期に見いだし、的確に評価・対応することで、苦痛の予防・緩和を通して向上させるための医療やそのアプローチ、支援そのものを「緩和医療」あるいは「緩和ケア」と呼んでいます。ここでの「スピリチュアルな問題」とは「精神的な問題」や「人

生の意味をめぐる問題」と言い換えることもでき、これらは身体医学や科学的な側面では答えの出ない問題でもあります。このようなテーマに関して、公認心理師による支援が求められています。

　がんなどの大きな疾患の場合、患者やその家族には診断に至る前から心理状態にさまざまな変化が生じ、心理的なサポートが必要となることは少なくありません。一般的に緩和医療はがんの告知の段階から始まることが望ましいとされています。その後の手術、化学療法などの治療、再発、積極的治療の中止など、心理的な問題が生じる場面は多々あります。

　近年、緩和ケアは一般病床や緩和ケア病床、ホスピス、在宅医療などでも行われるようになってきています。中でも、「緩和ケアチーム」として総合病院で行われている活動には、心理職が参加している場合が増えつつあります。

（6）災害時のメンタルヘルス

　災害の場面では、医療、保健、福祉など、さまざまな支援が必要になります。これら災害の多くは地震や津波、豪雨・豪雪や土石流、火山の噴火などの自然災害を指していますが、火事や爆発、無差別テロなどのように人為的に起きた事故や事件なども含まれます。こうした場面でのメンタルヘルスの問題は、多様で長期的な支援が必要となります。

　また、学校現場における生徒の加害・被害、自殺なども緊急支援やメンタルヘルス対応が必要となる重要な場面の一つです。

　人は誰でも生死に関わるような恐怖を体験した後には、フラッシュバックとしてその時の記憶が当時の感情とともに何度も想起されることがあります。多くは2〜3カ月で自然になくなりますが、中には睡眠障害や解離症状（記憶が途絶えたり、別人格が現れる症状）を伴い、日常生活に支障をきたし、急性ストレス障害、心的外傷後ストレス障害（post traumatic stress disorder（PTSD））と診断される場合があり

ます。このようなケースでは、一般的なカウンセリングよりもより積極的で特別な支援が必要となります。

（7）心理的応急処置
　（サイコロジカル・ファーストエイド）

　身体的なケアと同様、心理学的な支援やケアにも応急処置（サイコロジカル・ファーストエイド）があります。

　WHO（世界保健機構）が定めるガイドによれば「サイコロジカル・ファーストエイド（PFA）とは、深刻な危機的出来事に見舞われた人に行う、人道的、支持的、かつ実際的な支援」とされています。ここでは、①対象となる人の安全、尊厳、権利を尊重する、②相手の文化を考慮して、それに合わせて行動する、③その他に実施されている緊急対応策を把握する、④支援者自身のケアを行う、の4点が重要であるとされています。

　正しいとされている支援を「無理やり」に行うのではなく、相手に合わせて相手の事情や文化を大切にして、バランスよく支援することが大切です。

表5-5　PFA（WHO）の活動原則

見る	・安全確認 ・明らかに急を要する基本的ニーズのある人の確認 ・深刻なストレス反応を示す人の確認
聞く	・支援が必要と思われる人々に寄り添う ・必要なものや気がかりなことについてたずねる ・人びとに耳を傾け、気持ちを落ち着かせる手助けをする
つなぐ	・生きていく上での基本的なニーズが満たされ、サービスが受けられるように手助けする ・自分で問題を対処できるように手助けする ・情報を提供する ・人びとを大切な人や社会的支援と結びつける

出典：山本賢司：健康・医療心理学. 福島哲夫ほか『公認心理師必携テキスト』p.397.学研メディカル秀潤社. 2018.

PART 6
福祉・教育・司法犯罪、産業組織に関する心理学

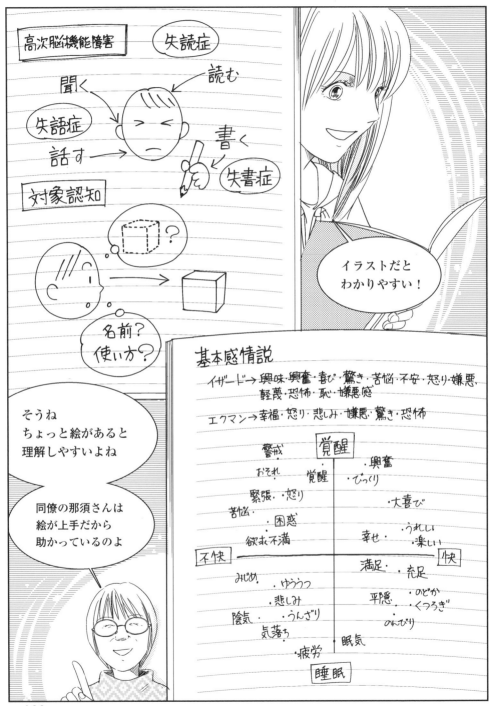

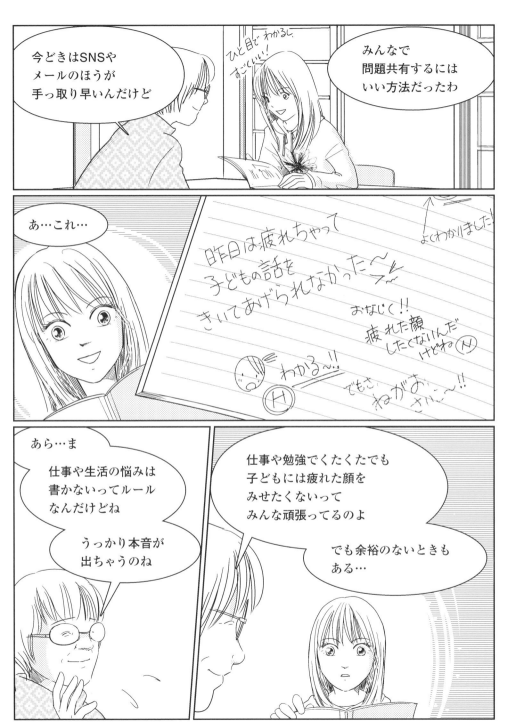

Column 言葉にすること
――客観的に捉えること――

　PART6では、主人公の心美もその母親も、自分の気持ちや考えていることをきちんと言葉にすることの大切さを体験しています。まずは直接的なやりとり、そして交換ノートにしっかりと本音を書くことで、お互いの理解と関係が深まっている様子を感じ取っていただけたでしょうか？
　そして、実は、心理学も法律などの社会科学も、そのエッセンスはそこにあります。つまり「日常に起こっていること、そして自分が本当の意味で経験していることを、適切な言葉にして明確化する」というのが、学問の第一歩なのです。例えば、「人間の自由と権利」「尊厳」などの考え方は「これは苦しい」「これはおかしいんじゃないか」などの疑問や実感を言葉にすることから始まったはずです。そして、自分の実感を言葉にする中で、「他の人はどう感じているのか」、そして「多くの人はどう思っているか」などの「普遍性」につながる問いが現れてくるはずなのです。
　結果的にそこには「自分の思いだけでなく、それも含んだより高い視点での客観的な見方」が生まれるのです。
　このような「言葉にすることの大切さ」は、心理学的には大きく分けて2つあります。1つは「言葉にすることによって、自分が本当はどう感じているのかがよくわかって、向き合えるようになる」ということと「言葉にすることで、多様化した個人が初めてわかり合える」ということです。
　読者の皆さんも、ぜひ「身の回りの出来事を客観的な視点で見つめて、言葉にする」という姿勢を持ち続けてみてください。

6-1 福祉心理学

　心理職の国家資格がなかったこれまでは、福祉分野における心理職の活躍の場は多くはありませんでした。児童福祉分野や精神保健福祉分野には以前から心理職が配置されていますが、高齢者（介護）福祉、障害、地域福祉の分野では、心理職がいない現場が多いのも事実です。

　社会福祉分野における支援の多くは、介護などの直接的な生活支援や個人の身体的機能に対する支援への意識が強く、従来の心理職にとってはあまり得意な領域ではありませんでした。また、福祉現場で行われる社会福祉士による相談援助業務は心理的支援と類似している点が多く、心理の専門職の必要性が認識されにくかったという側面もあります。

（1）心理的支援が必要とされる範囲

　福祉分野において必要とされる業務は、心理査定（アセスメント）、心理相談、心理療法の実施などがあります。また、こうした直接的な心理支援だけでなく、多職種連携の一環としてのコンサルテーションや地域援助、調査・研究のような業務も大切です。

　支援対象は、個人を対象とするもの（ミクロ領域）だけでなく、個人の周辺の家族や友人知人、他の専門職などの集団（メゾ領域）から、さらに地域コミュニティや市町村などの広範な範囲（マクロ領域）を含み、「これら3層の領域」が相互に接点を持ち影響を及ぼし合っているのが特徴です。以下で紹介する各分野のそれぞれにこの3層があります。

（2）児童福祉分野
（児童虐待に関する虐待被害者と周辺への支援）

　児童福祉分野では、特に**児童相談所**に心理専門職として**児童心理司**が配置されています。この分野は、福祉分野の中では心理的支援の重要性が最も認識されている分野であるともいえます。

　児童相談所に限らず、**児童養護施設や乳児院**においても、子どもたちの発達などについて心理的側面からの支援を充実させるために、心理職が配置される例が増えています。特に虐待の場合は親の心理的な課題も事案に強く影響を及ぼすため、子どもを対象とした支援はもちろんのこと、親や関係者への支援も欠かせませんし、児童養護施設や乳児院に入所している児童の**家庭復帰**や**里親制度**の利用に向けた支援

表6-1 児童福祉に関する施設と制度

機関・施設名・制度等	概要
児童相談所	18歳までの児童の養育に関する相談・指導を行う
乳児院	就学前までの乳幼児を入院させ、養育する
児童養護施設	保護者のいない児童、被虐待児童を入所させ、養護する
児童心理治療施設	家庭環境や学校、交友関係などの理由により社会生活への適応が困難な児童に、心理に関する治療や生活指導を行う
児童自立支援施設	不良行為を行ったり、またはそのおそれのある児童や、家庭環境などにより生活指導を要する児童を入所させ、自立を援助する
母子生活支援施設	配偶者のない女子、またはDV（親やパートナーからの暴力）被害などの事情のある女子とその子どもを入所させ保護し、自立の促進を援助する
自立援助ホーム （児童自立生活援助事業）	義務教育終了後、児童養護施設、児童自立支援施設を退所し就職する児童に対し、日常生活上の援助、相談、生活指導を行う
里親	要保護児童（4人以下）を里親の住居で養育する
小規模住居型児童養育事業 （ファミリーホーム）	保護者のいない児童または保護者に監護させることが不適当である児童に対し、養育に関し相当の経験を有する者の住居において養育を行う

PART
6

福祉・教育・司法犯罪、産業組織に関する心理学

の場合は、親や里親も含む家庭環境へのアセスメントが重要となります。

昨今、児童相談所への虐待相談件数は増加の一途をたどり、被害者が死亡する最悪の事態も少なくありません。虐待関連事象に対する心理的支援は、今後ますます重要になっていくと考えられます。

虐待を大きく分類すると、**身体的虐待**、**心理的虐待**、**性的虐待**、**経済的虐待**（老人の場合のみ）、**ネグレクト**の５つがあります（**表6-2**）。特に児童虐待に関しては、パートナーの虐待を制止することができないケースではその背景に深刻な**DV（ドメスティック・バイオレンス）**があるなど、虐待とDVが複合的に絡んだ事例なども増加傾向にあります。**児童虐待防止法**（児童虐待の防止等に関する法律）では、直接的な虐待のみならず、子どもの前でDVをふるって目撃させることも児童虐待に当たるとされています。

虐待が発生した場合、虐待を受けた者（被虐待者）の身体的なケアはもちろんですが、一刻も早い心理的ケアが必要となります。虐待は

表6-2 主な虐待の種類

虐待の種類	内容
身体的虐待	殴る・蹴るなどの暴力行為によって身体に傷や痛みを与えたり、不当な拘束によって外部との接触を意図的、継続的に遮断すること
心理的虐待	脅しなどの言葉の暴力や、無視や差別的扱い、嫌がらせ等の不快感を与える態度によって、精神的苦痛を与えること（DVを目撃させることも含む）
性的虐待	わいせつな行為を行ったり、それを強要したり（いわゆる児童ポルノなどの被写体にすることも含む）、性行為自体や卑猥な画像を意図的に見せること
経済的虐待	（特に老人の場合）本人の同意なしに財産や金銭を使用したり、本人が希望する金銭の使用を制限すること
ネグレクト（放棄・放任）	家の中に閉じ込める、食事を与えない、おむつ交換等を行わずにひどく不潔な状態にする、病気等になっても病院に連れて行かないなどにより、身体的または精神的な状態を悪化させること

「しつけ」という名目で行われることも少なくないため、被虐待者側の「原因は私にある」という**罪悪感**や「私なんていない方がいいんだ」という**自己否定感**につながりやすく、こうした罪悪感や自己否定感が、虐待が行われなくなったその後の人生にもさまざまな形で否定的な影響を及ぼすことがあるからです。

　一方で、加害者側に対しても別の専門家による心理的支援が必要です。虐待行為に至る原因には加害者側に何らかの心理的な問題が潜む場合が多く、これを改善しなければ虐待の再発のおそれがあるからです。昨今では虐待事案に対応する専門職への支援等の必要性も指摘されており、虐待事案に対する心理的支援は、当事者だけでなく周囲の関係者も広く対象となることを念頭に置く必要があります。

　なお、こうした虐待事案、あるいは虐待が疑われる事案では、その子に関係のある保育士や教師などの他の専門職に対して深刻化の防止や再発の早期発見のための情報提供を行うなど、緊密な連携が不可欠となります。

（3）障害者福祉分野（知的、身体、精神、発達）

　PART 4においては発達障害児（者）への支援について触れましたが、福祉分野では発達障害のみならず、知的、身体、精神における障害者を広く支援対象とし、こうした障害者が自立し、自律的な生活を送れるようになることを目指しています。

　しかし、周囲の生活環境の未整備、社会一般における障害者に対する理解の欠如などが依然として残っており、障害を持つ人が社会の中で自立・自律した生活を送るために解決しなければならない課題は少なくありません。

　この中で、心理的な課題としては、「障害者自身が**尊厳**をもって、安定した**自立・自律**生活を送ることができるか」というものがあります。また、障害者が自立・自律生活を送るにあたっては、家族の理解もさることながら、地域生活を送るにあたっての地域住民からの理解

を得ることも必要です。さらに近年は学校や職場においても「**合理的配慮**」が求められています。このような状況も踏まえた障害者本人への心理的支援も重要になります。

（4）認知症高齢者と高齢者（介護）関係者への支援

　認知症は、成人期以降に後天的に発生する脳疾患によって、知能の低下が起こるものです。具体的な症状としては、記憶の喪失、思考の混乱、見当識障害（今、自分がいる場所・時間・自分自身がわからなくなってしまう状態のこと）、理解や学習能力の低下など、高次脳機能の障害を伴います（**表6-3**）。

表6-3 認知症の種別と症状・問題行動

	発生する症状	発現する主な問題行動
アルツハイマー型	海馬を中心とする脳の広範囲に老人斑や萎縮・脳血量の低下が発生する	・数分から数カ月の近い時間の記憶（近時記憶）の障害 ・物盗られ妄想 ・徘徊 ・取り繕い反応
レビー小体型	脳内に発生するレビー小体が神経物質の伝達などに悪影響を及ぼし、脳機能が低下する	・注意力、視覚等の低下 ・幻視・妄想 ・パーキンソン症状（身体が固くなり、歩けなくなるなど） ・睡眠時の異常言動 ・便秘・立ちくらみなど自律神経症状
脳血管性	脳梗塞や脳内出血などの脳疾患をきっかけにして脳機能に障害が発生し、認知機能などに障害が発生する	・まだら認知症 ・手足のしびれ・麻痺 ・感情失禁（急に泣いたり怒ったりする）の発生
前頭側頭型	脳の前頭葉・側頭葉・頭頂部の一部に限局した萎縮が現れる	・マナーやルールを守れなくなる（脱抑制） ・同じことを繰り返す（常同行動） ・自発的な行動が減る（無関心）

6-2 教育現場において必要な支援

教育現場においては、子どもの心理に関するさまざまな問題の解決に向け、悩みを抱える子どもの個々の状況を考慮した対応、教育内容の改善、教員の**免許状更新制度**の導入などの教育改革が進められています。そのような中で、教育心理学・学校心理学を活かした心理的な援助として公認心理師に期待されるものを以下に紹介します。

（1）学校不適応

「学校への不適応」とは、「学校で友人や教師との関係がうまくいかない」「学業が振るわない」などの状態を指します。これらは、単にその子どもの問題というより、友人や教師などを含む環境と子どもとの折り合いの問題といえます。

公認心理師が**スクールカウンセラー**や**公立教育相談室**の相談員として勤務する場合、子ども本人や保護者への相談活動に加えて、学級集団への介入や担任の指導方針の変更の提案などの支援も必要とされます。

（2）不登校

不登校は現在も増え続けており、「**適応指導教室**」の設置など、さまざまな施策も進められています。適応指導教室は、都道府県や市町村が設置する不登校児童生徒を支援するための機関です。

不登校児童生徒への支援は、学校に登校することのみを目標とする

PART 6
福祉・教育・司法犯罪、産業組織に関する心理学

のではなく、児童生徒が自らの進路を主体的に考え、社会的に自立することを目指さなくてはなりません。子どもの性格や能力に応じて、また、本人の希望を尊重した上で、適応指導教室やフリースクール、夜間中学などを活用し、社会的自立の支援を行うことが大切です。

（3）いじめ

「いじめ」の定義は、これまで何回か改訂されてきましたが、2013（平成25）年にいじめ防止対策推進法が制定され、継続的でないものやインターネットを介したものも含む「本人が心身の苦痛を感じるもの」と明確化されています。正確な発生件数の把握は難しいものの、確実に増加していると考えられます。

いじめの内容について最も多いのは「冷やかしやからかい、悪口や脅し文句、嫌なことを言われる」（62.5%）です。次に「軽くぶつかられたり、遊ぶふりをして叩かれたり、蹴られたりする」（21.6%）、「仲間はずれ、集団による無視をされる」（15.3%）が続きますが、高校では「パソコンや携帯電話等で、ひぼう・中傷や嫌なことをされる」（17.4%）が2番目として挙げられています。

いじめは虐待と同様に被害者が「恥」の感覚を持ちやすいため、「いじめられている」という事実を教員や保護者等に話さない傾向があり、大変発見しにくい現象です。また、加害者への恐怖や大人のいじめ対応への不信なども、その発見を難しくしています。

いじめを防止するためには、学級担任や教職員とスクールカウンセラーとしての公認心理師などが「チームとしての学校」となって、日々の子どもの観察や情報共有を行うことが大切です。さらに、教職員のいじめに対する意識をより高めるだけでなく、子ども自身がいじめに対する知識を持つことも必要です。スクールカウンセラー・公認心理師による授業や研修会も有効でしょう。

いじめの早期発見のためには、学校全体でアンケート調査や子どもへの面談等を積極的に行うことが大切です。いじめられている本人は

学級担任にはなかなか話せない場合が多いとされていますので、さまざまな教職員やスクールカウンセラー等とコミュニケーションをとる機会を設定することが大切です。

　また、いじめの被害・加害の背景に保護者の要因が絡んでいたり、教職員が保護者への対応に苦慮する事例も増えています。保護者との連携や保護者対応の違いによって、いじめ問題が一挙に解決したり、こじれたりする場合もあります。いずれの場合も、専門的知識を持ったスクールカウンセラーや公認心理師がチームの中に入ることで、保護者と教職員をつなぐ役割を果たし、解決につなげることが期待されます。

出典：福島哲夫ほか『公認心理師必携テキスト』（学研メディカル秀潤社、2018年）434参照, 文部科学省：2.「チームとしての学校」の在り方, 2016
http://www.mwxt.go.jp/b_menu/shingi/chukyo/chukyo3/siryo/attach/1365408.htm）

6-3 犯罪心理学（司法心理学）

犯罪心理学は、「人はなぜ犯罪を犯すのか」を研究したり、心理学の知識を用いて犯人を探し出したり、事件解決に貢献するなどの領域です。特に後者は「プロファイリング」とも呼ばれ、TVや雑誌で取り上げられることも増えています。また、裁判プロセスに心理学の知識を応用したり、罪を犯してしまった犯人や少年をいかに更正させていくかを研究する分野や、**犯罪被害者の心のケア**を行う分野もこの領域に含まれます。

（1）少年事件や刑事事件における心理専門職の役割

未成年者による犯罪等については少年法が適用されます。少年法の目的は、少年（以下、男女とも少年と呼びます）に対して刑罰を与えるのではなく、再非行を防止し、立ち直って健全な大人になることを目指すことにあり、成人の刑事司法手続と比べてより複雑な手続が適用されます。このように、非行少年に対しては、警察、検察、**家庭裁判所**、**少年鑑別所**、**少年院**、**保護観察所**などのさまざまな機関が、少年の健全育成を目指して関わっています。

例えば家庭裁判所は、医学、心理学、教育学、社会学等の専門家であり、事実とその背景を明らかにする「**調査官**」を配置しています。調査官は少年事件の調査を行い、その調査結果および処遇に関する意見について報告書を裁判官に提出し、審判に出席して意見を述べます。

少年鑑別所においては、家庭裁判所の求めに応じて、対象となる少年の資質や性格を鑑別（分析）する面接や心理検査を行う**法務技官**と

呼ばれる心理専門職を配置しています。法務技官が作成した鑑別結果通知書は、家庭裁判所で処遇を決める際に活用されます。

少年院では**法務教官**が**矯正教育**を行いますが、この中で心理学を専門とする法務教官は、今後公認心理師の占める割合が増えていくと考えられます。

このほか、社会の中で非行少年や犯罪者を支援する立場に、心理学・教育学・社会学などの専門知識を有する**保護観察官**や、ボランティアである**保護司**が活躍しています。

（2）司法・犯罪分野における支援

司法・犯罪分野における支援は、大きく「犯罪被害者への支援」「犯罪者・犯罪加害者への支援」「家事事件における支援」に分けられます。

犯罪被害者への支援に関して、全国の都道府県警察には「**被害相談窓口**」が設置され、犯罪被害者またはその遺族への配慮および情報提供として「**被害者連絡制度**」を設けているほか、心理学的なカウンセリングに関する専門的知識や技術を有する職員による精神的被害の回復支援なども行っています。また、全国の検察庁にも**被害者支援員**が配置されており、被害者支援制度、被害者ホットラインなどが設けられています。このほか、「**被害者支援センター**」という民間の公益団体が、犯罪被害者および家族・遺族に対して全国で相談・支援活動を行っています。

一方、犯罪者への支援も重要です。犯罪者を厳しく罰すれば犯罪が抑止されるというエビデンスは、実はほとんどありません。実際は逆で、むしろ再犯率を高める結果に結び付きやすいことが指摘されています。少年院では、特定の事情を有する者に対しては「**特定生活指導**」と呼ばれる罰とは異なる指導が行われています（薬物非行防止指導や性非行防止指導などはその代表的な例といえるでしょう）。成人の刑務所でも、同様の主旨で「**特別改善指導**」が行われています。

6-4 産業・組織心理学（職場における問題への）支援

　産業領域における公認心理師の位置づけは、大きく「企業内」と「企業外」に分かれます。

　企業内の公認心理師は、採用形態は正社員あるいは嘱託契約など企業によってさまざまです。企業の中にいるので、組織の動きがよくわかり、それに連動したストレスを抱える従業員の相談にも適切な対応ができ、職場の環境調整もしやすい立場にあります。

　一方、企業外の公認心理師の活躍の場は、現時点ではEAP（Employee Assistance Program：従業員支援プログラム）が主体となります。これは企業など事業場と委託契約を結び、カウンセリング、メンタルヘルス研修などさまざまなメンタルヘルスケア業務を請け負う事業です。従業員は企業とは独立した形態で相談することができるため、人事部や上司に知られることなく相談することができるという利点があります。公認心理師側も、独立した専門職として従業員の相談を受けることができます。

（1）メンタルヘルス不調者へのアセスメント

　産業領域に関わる公認心理師の仕事の大きな一つが、メンタルヘルス不調者へのアセスメントです。問題の経過やこれまでの病歴、現在の体調を含めて丁寧に聞き取りながらアセスメントする必要がありますが、特に注意しなければならないのは「自殺の可能性」です。必要に応じて産業医や外部の医療機関を紹介したり、すでに医療機関を受診し、医療を受けている人の場合には、医療機関との連携が必要とな

る場合もあります。

（2）復職支援（リワーク）

公認心理師が支援していてもいなくても、何らかの疾患や不調で休職した従業員が職場に復帰する際、さまざまな支援が必要となります。

特に復帰前後は心理的な支援が重要です。公認心理師が復職支援に関わる場合、休職中から定期的な面接を行うなど一定期間関わり、以下の5つのステップに沿って支援するのが望ましいとされています。

・第1ステップ：病気休業開始および休業中のケア
・第2ステップ：主治医による職場復帰可能の診断書
・第3ステップ：職場復帰の可否の産業医および組織の判断
・第4ステップ：最終的な職場復帰の決定
　　　　　↓
【職場復帰】
　　　　　↓
・第5ステップ：復帰後の管理職のフォローアップ

出典：厚生労働省「改訂 心の健康問題により休業した労働者の職場復帰支援の手引き」より

（3）キャリアに関わる相談（キャリアコンサルティング）

クライエントの能力・適性を把握し、適材適所の配属や今後のキャリア形成に関する助言をすることは、不適応を避け、働きがいや生産性を上げることにもつながります。

「終身雇用制度の時代は終わった」と言われる現在、今後の職業生活あるいは自らの生き方について積極的に考えていくことは、社会全体の活力を上げていく上でもより重要となってきているといえるでしょう。

197

（4）人事／管理職へのコンサルテーション

　産業の現場では、クライエント（従業員）本人との面談に加え、クライエントを取り巻く上司、人事担当者へのコンサルテーションも大きな役割となります。

　ただし、クライエントの面接を行った後に上司・人事担当者に面談結果をフィードバックしたり、上司・人事担当者からクライエントもしくはまた別の従業員に関する相談を受けるなどの際には、個人情報の扱いには充分注意しなければなりません。相談内容はすでに紹介しているように相当にプライベートな領域のものであり、センシティブなものです。かなり具体的な内容一つひとつに至るまで、誰にどのように伝えてよいかを確認することが重要です。

（5）メンタルヘルスに関わる教育・研修

　産業領域で働く心理職は、その職務に応じてメンタルヘルスに関する教育研修の機会の提供をすることが厚生労働省によって求められています。こうした教育活動や研修会は、事業場外のEAPが実施する場合もあります。

6-5 組織心理学

組織に関する心理学で重要なものが、「動機づけ」（モチベーション）と「意思決定」、そして「コミュニケーション」と「リーダーシップ」です。「リーダーシップ」と「集団思考」については、PART 4で触れましたので、ここでは「動機づけ」と「コミュニケーション」について解説します。

（1）動機づけ（ワークモチベーション）

「動機づけ」とは、心理学用語としては「行動を起こさせ、目標に向かってそれを維持したり調整する機能やプロセス」のことです。これが特に産業・組織心理学の中では「仕事への動機づけ」として「ワークモチベーション」と呼ばれます。「ワークモチベーション」とは、一言で言えば「仕事に対するやる気」のことで、一人ひとりのワークモチベーションが上がると組織の生産性も上がるため、重要な要因と考えられています。

動機づけに関する理論としては、表6-4のように欲求説と過程説の2つがあります。

（2）コミュニケーション

コミュニケーションの方向には、上から下（トップダウン）のものと、下から上（ボトムアップ）のもの、そして横方向へのコミュニケーションがあります。これらがバランスよく行われているときに、組

表6-4 ワークモチベーションの諸理論

	名称	提唱者	内容
欲求説 （何により働く ことに動機づ けられるのか）	自己実現モデル	マズロー	人間の欲求は段階的になってお り、下から「生理的欲求」「安 全欲求」「社会的欲求」「承認欲 求」「自己実現欲求」の順に満 たされていくとした
	ERGモデル	アルダーファ	マズローの欲求階層モデルを修 正し、人間の「存在」「関係」 「成長」の３次元とした
	２要因説	ハーズバーグら	賃金、人間関係などを「低次の 欲求」、仕事を成し遂げる、仕 事自体に満足などを「高次の欲 求」という２要因に分けた
過程説 （どのように 働くことに動 機づけられる のか）	公平説	グッドマンと フリードマン	努力したことが公平に評価され ることがワークモチベーション に影響するとした
	強化（学習）説	ルーサンスと ハムナー	人間の行動は何らかの報酬を受 けることでその行動が強化される という学習理論を用いた強化説
	期待説	ヴルーム	努力すると相応の成果が得られ るだろうという期待と、その成 果に価値があるという期待をか けたものがモチベーションの強 さの関数であるとした
	目標設定モデル	ロック	目標を設定した方がワークモチベー ションは上がるというモデル

出典：福島哲夫ほか『公認心理師必携テキスト』（学研メディカル秀潤社、2018年）461頁をもとに作成

織の健全性と生産性は最も高くなると考えられます。

　個人間のコミュニケーション手段としては「口頭」と「書面」（電 子メールなどを含む）がありますが、それぞれにメリットとデメリッ トがあり、用途に応じて適切に使い分ける必要があります。

　これらのコミュニケーションの障害としては、意図的・非意図的な 情報操作である「フィルター」、メッセージの受け取り手が個人的経 験、価値観に基づいて選択的に認知してしまう「選択的認知」、情報 が多すぎたり、丁寧すぎたりしてかえって見過ごし、見落としが生じ

てしまう「情報過多」、受け手の感情状態、高揚あるいは抑うつ気分により効果的なコミュニケーションが妨げられる「感情」などが挙げられます。

組織は社会の変化に適応し、効率を上げて生産性を高めるために変化していく必要があります。けれども、組織も個人も同時に変化への抵抗要因ももっています。下の表6-5が、主な変化への抵抗要因です。

表6-5 変化に対する抵抗の要因

個人的要因	選択的知覚	新しい認知要素より、既存の要素を取り入れようとする
	習慣	新しいものに慣れるまでに時間がかかり、抵抗する
	安定志向	既存の利益が変化によって減じるのではないかという理由から抵抗する
組織的要因	安定	組織自体が既存のシステムを強固に構築するほど、変化への抵抗は大きい
	先行投資	現在までにかなりの先行投資が重ねられ、それが回収されていない場合は抵抗が大きい
	過去のしがらみ	現在のシステムが組織内外のさまざまな関係によって確立されているため、変化を受け入れにくい

出典：尾久裕紀：産業・組織心理学．福島哲夫ほか『公認心理師必携テキスト』p.466.学研メディカル秀潤社．2018. を一部改編

モチベーションってたくさんの説があって、そのそれぞれに正しさがあるんですね！

変化への抵抗って個人単位だけじゃなくて、組織単位でも研究されてるんですね!!

PART 6 福祉・教育・司法犯罪、産業組織に関する心理学

ブループリント（公認心理師試験設計表）

到達目標（目安）	出題割合
① 公認心理師としての職責の自覚	約9％
② 問題解決能力と生涯学習	
③ 多職種連携・地域連携	
④ 心理学・臨床心理学の全体像	約3％
⑤ 心理学における研究	約2％
⑥ 心理学に関する実験	約2％
⑦ 知覚及び認知	約2％
⑧ 学習及び言語	約2％
⑨ 感情及び人格	約2％
⑩ 脳・神経の働き	約2％
⑪ 社会及び集団に関する心理学	約2％
⑫ 発達	約5％
⑬ 障害者（児）の心理学	約3％
⑭ 心理状態の観察及び結果の分析	約8％
⑮ 心理に関する支援（相談、助言、指導その他の援助）	約6％
⑯ 健康・医療に関する心理学	約9％
⑰ 福祉に関する心理学	約9％
⑱ 教育に関する心理学	約9％
⑲ 司法・犯罪に関する心理学	約5％
⑳ 産業・組織に関する心理学	約5％
㉑ 人体の構造と機能及び疾病	約4％
㉒ 精神疾患とその治療	約5％
㉓ 公認心理師に関係する制度	約6％
㉔ その他（心の健康教育に関する事項等）	約2％

出典：一般財団法人日本心理研修センター「公認心理師試験出題基準（平成31年版）」
(http://shinri-kenshu.jp/wp-content/uploads/2017/10/queststandart_2019.pdf)

PART 7

人体の構造と機能・疾病、精神疾患とその治療、公認心理師に関係する制度、心の健康教育

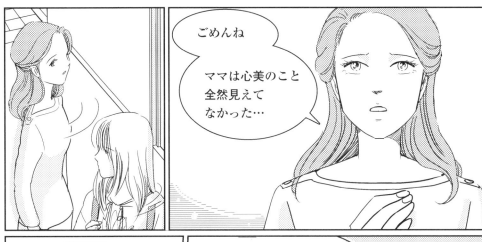

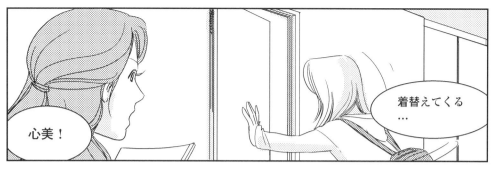

そして合格発表の日──

私もママやおばあちゃん
みたいに一生懸命になれる
ことをみつけよう！

Column 医療でも福祉でも教育でもない、心理学独自の支援——そして終わりなき学び

　PART5のコラムでも少し触れましたが、「苦痛な感情の共有」⇒「自分を振り返っての受容や謝罪（あるいは許し）」⇒「感情や関係の修復」というプロセスを支援することが、心理師の独自の専門性です。さらにいえば「苦痛な体験（心の傷つきやトラウマ）」を共有することで、過去の事実は変わらないけれども、その事実に対する感情や苦痛が大きく変わるという体験を提供するのが、公認心理師の仕事です。この点が医療とも福祉とも教育とも違う心理学独自の支援です。

　そして、そのような体験を提供するためには「アセスメント」と「周囲からのサポート」が欠かせないものとなるのです。本編においては、とくにおばあちゃんの真知子さんの、心美さんや真美さんへのサポートには特筆すべきものがあります。

　さらに真知子さんや真美さんの姿勢に見られるように、人の心を支援する仕事には終わりなき学びが必要です。もちろん、この学びは楽しいものです。「身近な人を含む、人の心について、生涯学び続ける」という姿勢こそが、公認心理師に最も必要なものです。そして、そこから得られる「クライエントとともに学び成長する」という経験そのものが公認心理師の生きがいとなるものなのです。

　このように「最新情報を取り入れて学び」ながら「目の前のクライエントからも学ぶ」という両方をバランスよく持ち続ける姿勢がとても大切です。どちらが欠けても「手前勝手な」カウンセラーになってしまうからです。

7-1 心身機能と身体構造およびさまざまな疾病や障害

（1）身体機能の調節

　人の身体の健康を維持するためには、身体機能の全体を調節する役割を担う「自律神経系」「内分泌系」「免疫系」の３つが相互にバランスを保っていることが重要です。

◆自律神経系

　自律神経は、ヒトの最も基本的な機能（循環、呼吸、消化、代謝、内分泌、体温維持、排泄、生殖など）の働きを調節しています。人が自分で意識して動かせない部分はすべて自律神経が支配していて、自律神経は交感神経と副交感神経に分かれます（PART 4 参照）。交感神経は脊髄の中央部から、副交感神経は脳と、脊髄の最下部から出ている神経です（図7-1）。

　交感神経末端から放出される「ノルアドレナリン」は精神的に興奮・緊張・ストレスがかかった状態のときに働きが高まり、心拍数の増加、血圧の上昇、発汗、立毛、瞳孔の散大などが起こります。一方、副交感神経はリラックスしたときなどに働きが高まり、心拍数・血圧ともに低下し、瞳孔は縮瞳します。

　この自律神経のバランスが崩れると自律神経失調症になり、生活リズムの乱れや、心臓や胃腸の不調、動悸息切れなどさまざまな不調が現れます。思春期によく見られる「起立性調節障害」（立ちくらみや朝起きられないなどの症状）も、この自律神経の問題の典型です。

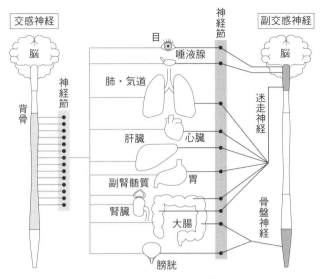

出典：荒木信夫「自律神経の基礎知識【交感神経と副交感神経】」花王ヘルスケアナビウェブサイト
（https://healthcare.kao.com/main_post/autonomicnerveskiso/）

図7-1 交感神経と副交感神経

◆内分泌系と代謝

「内分泌系」とは、ホルモンを血管内に分泌する仕組みのことを指します。ホルモンは、成長や発達、糖代謝、脂質代謝など、人体の成長・発達や生殖に幅広く影響を与えるものであり、代表的なものとして、下垂体から分泌される甲状腺刺激ホルモンや成長ホルモン、膵臓から分泌され、血糖を下げる働きをもつインスリンなどが挙げられます。

内分泌系の不均衡による代表的な疾病としては、甲状腺ホルモンの低下によって、無気力などが起こる甲状腺ホルモン低下症や、インスリンの作用不足により慢性的に高血糖状態が続いて網膜症や腎症、神経障害が生じる糖尿病などがあります。

「代謝」は成長ホルモンによって調節される機能で、その働きは「消化」と「吸収」に代表されます。消化管内に外分泌として放出される胃液や膵液などによって食物が消化され、小腸・大腸で吸収された栄養分は門脈で肝臓に運ばれて貯蔵・分解されます。

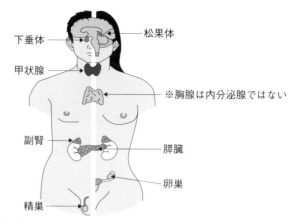

図7-2 主な内分泌器官（右側が女性、左側が男性）

◆免疫系

「免疫」は、外界から入ってくる異物から身体を守る働きをしています。もともと身体に備わっている「自然免疫」と生活の中で獲得していく「獲得免疫」とがありますが、この獲得免疫が過剰に反応するのがアレルギーであり、自分自身に対して免疫反応を示してしまうのが「自己免疫疾患」です（「膠原病」も自己免疫性疾患の一つです）。

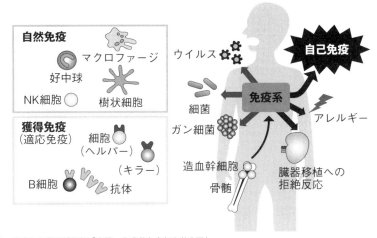

出典：健康と医学の博物館「病因・病理学専攻免疫学分野」
(http://mhm.m.u-tokyo.ac.jp/labo007.html)

図7-3　ヒトの免疫系

（2）循環器（心臓・血管）

　血液を循環させるポンプの役目を果たしているのが心臓です。4つの部屋に分かれており、4つの弁で逆流しない構造になっています。
　この心臓の周りを廻っている冠動脈が狭くなったり詰まったりして心臓を動かす筋肉に必要な酸素が供給されず、心臓の機能が障害されると、心筋梗塞や狭心症などの「虚血性心疾患」となるおそれがあります。また、心臓から送り出される血液の血管内での圧力が一定以上に高い症状を「高血圧症」と呼びますが、これが持続すると、脳、心臓、腎臓などに出血・梗塞などの血管障害をもたらすことがあります。心臓の規則正しい脈のリズムが速くなったり、遅くなったり、または不規則になったりする「不整脈」も代表的な循環器疾患です。
　こうした虚血性心疾患や心筋症、高血圧症、不整脈などを原因として心臓の機能が低下し、体が必要とする十分な血液量を送り出すことができなくなった状態を「心不全」といいます。

（3）呼吸器（肺・気管支）

生体が生命活動を維持するためには、細胞内に酸素を取り入れ、不要な二酸化炭素を排出する必要があります。酸素と二酸化炭素のガス交換が行われる場が肺の内部の肺胞です。

この肺の病気の代表的なものに肺炎や肺がん、気管支喘息があります。

（4）消化器系（消化管、肝臓・胆嚢・膵臓）

消化器系は、摂取した食物を消化して必要な分子を吸収し、一方で、不要となった未消化物を排泄する働きをしています。

肝臓・胆嚢は「身体の化学工場」とも呼ばれ、糖代謝、タンパク代謝、脂質代謝、ビタミン代謝、胆汁の生成など、さまざまな役割を果たしています。胃の後ろにある膵臓には、消化酵素を含む膵液を生成・分泌する外分泌腺と、ランゲルハンス島という組織で血糖コントロールを行うインスリンなどのホルモンを作り出す内分泌細胞があります。

疾病としては、消化器がんや過敏性腸症候群、肝炎、肝硬変、膵炎、胆石などがあります。

（5）神経

（構造や機能に関してはPART4を参照）

脳梗塞や脳出血など、脳内血管の障害が原因となって起こる疾患を「脳血管障害」と呼びます。これらは、脳血管性認知症や血管性うつ病などの原因になることがあります。また、パーキンソン病は、ドパミンという神経伝達物質を作り出す脳の黒質、線条体の働きの低下による疾患で、振戦（手足のふるえ）が起こったり、筋肉がこわばるなどで動作の開始や行動がゆっくりになり、進行するとそのまま固まってしまうなどの高度な運動障害が出現します。

（6）腎・泌尿器

腎臓は腰上の背部に左右一対あり、握りこぶし大でそら豆のような形状をしています。血液の濾過作用を担い、不必要な物質を排出し、尿を作ります。

腎機能低下が慢性的に持続する疾患は「慢性腎臓病」と総称されます。具体的には糖尿病性腎症、腎硬化症、慢性糸球体腎炎などさまざまですが、このような疾患がある程度悪化すると、腎臓は元の状態に戻ることは困難となり、人工透析の導入を検討しなければならなくなります。

7-2 代表的な精神疾患

（1）統合失調症

　統合失調症は、幻覚や妄想、あるいは無為自閉（1日中何もせずにひきこもる）などの特徴的な精神症状を呈する精神疾患であり、多くのケースで長期にわたる療養や治療を必要とする、慢性の疾患です。発症頻度は約100人に1人で、性差はなく、発病しやすい年齢は20歳前後（思春期以降）です。原因は不明ですが、遺伝的要因に加え、環境的要因など複合的な要因が絡み合って発症すると考えられています。

（2）気分障害

　気分障害は、主に気分や感情（やる気や明るさ、元気さ）の障害です。うつ病（単極性うつ病）と躁うつ病（双極性障害）があり、うつ病は女性が男性の約2倍の発症率とされていますが、躁うつ病は性差はありません。周りも自分自身でも「怠けている」と捉えがちですが、決してそうではなく、活力そのものが失われている状態です。

　一時期「心の風邪」とたとえられましたが、その深刻度や治療や休息を怠ると長期化・重症化するという意味で、「心の肺炎」あるいは「心の骨折」とたとえる専門家もいます。

（3）アルコールによる精神障害

アルコールによる精神障害では、一般に「酒癖が悪い」「酒乱」といわれる単純酩酊と、突然強い意識障害（せん妄）を生じて、完全にそれを忘れてしまうような病的酩酊を含む急性アルコール中毒、アルコールを飲まないと数時間から数日後には睡眠障害や自律神経症状、意識障害などが起こるアルコール依存症（最新の診断基準DSM-5では「アルコール使用障害」）が代表的です。

（4）てんかん

大脳に過剰な放電が起こる反復性の発作を特徴とするのがてんかんです。**意識障害**があるものとないもの、**けいれん**などを伴うものと伴わないものなど、さまざまな臨床状態があります。

（5）パーソナリティ障害

パーソナリティ障害は、「その人が属する文化に期待されるものからは著しく偏った内的体験および行動様式」とされています。つまり、「その人のいる社会の多くの人とは相当に異なる感じ方と行動パターンを持っていて、それが問題を引き起こしている」というものです。代表的なものに**「境界性パーソナリティ障害」**（感情が不安定で、自己破壊的衝動が生じやすい）や、**「自己愛性パーソナリティ障害」**（称賛されたいという欲求が強く、相手への共感性が欠如している）などがあります。

（6）摂食障害

ダイエットなどをきっかけに発症する「太るのが怖くて食べれらない」という拒食症（正式には**「神経性無食欲症」**）と、その反動とし

PART
7

人体の構造と機能・疾病、精神疾患とその治療、公認心理師に関係する制度、心の健康教育

227

て過食（時に嘔吐を伴う。正式には「**神経性大食症**」）が、この摂食障害の中心的な症状です。また、最新の診断基準であるDSM-5では、「異食症」（紙や土など、食べ物ではないものを好んで食べる症状）や「むちゃ食い障害」（自己誘発性嘔吐や下剤乱用などの浄化行動を伴わない反復的な過食症状）なども加わりました。

（7）自閉症スペクトラム障害

これまで「アスペルガー障害（症候群）」や「自閉性障害」と呼ばれていたものが、最新の診断基準でこの「自閉症スペクトラム障害」と改められました。この障害は、社会的コミュニケーションが持続して障害され（常に人との関わりがうまくいかない）たり、特定の反復行動や興味・関心のこだわりなどが継続して、社会（学校）生活がうまくいかないなどがその特徴です。そしてこれらが比較的幼い頃から出現していたことが後からでも明らかになるというものです。

摂食障害って、若い女性がなりやすいんだよね？気をつけなくちゃ！

自閉症スペクトラム障害って、いろんな程度がさまざまにあるから『スペクトラム（連続体）』っていうのね!!

7-3 法と諸制度

（1）司法犯罪分野に関する法

　司法制度は、民事と刑事に大別されますが、ここではまず、公認心理師の業務に関連する刑事司法制度について概説します。

◆成人に対する刑事司法制度の特徴

　わが国の刑事司法制度は、行為者の犯行時の年齢が20歳以上（成人）か20歳未満（少年）かで区別されています。成人が処罰されるのは、刑罰法規に違反する行為を行った場合に限られます。刑罰には、絞首により執行する死刑と、刑事施設（刑務所など）において刑務作業に服する**懲役刑**、刑事施設に収容される**禁錮刑**、財産が剥奪される**罰金刑**などがあります。

　犯罪が起こった場合、通報などを受けて警察と検察が主体となって捜査を進めます。まず最初に捜査を行うのは警察であることが多く、物的証拠を集めたり、多くの人々に聞き込みなどをしたりすることにより、犯罪を犯した疑いのある人（被疑者）を特定します。被疑者を特定すると、その者を取り調べ、証拠により被疑者が罪を犯したことが裏付けられたら、被疑者を検察官に送ります。

　次に、刑事裁判が原則的に公開の法廷で行われます。被告人が罪を犯したことを立証する責任のある検察官と、被告人の立場を防御する弁護士との間で議論が展開され、この議論を踏まえ、裁判所は被告人が有罪か無罪か、有罪の場合には被告人にふさわしい刑はどの程度かを判断します。なお、平成21（2009）年には**裁判員制度**が導入され、

PART
7

人体の構造と機能・疾病、精神疾患とその治療、公認心理師に関係する制度、心の健康教育

229

殺人や強盗殺人、傷害致死などの重大な事件の裁判の判断を、プロの裁判官と市民から選ばれた裁判員とが協働して行う制度が成立しました。裁判員裁判は、原則として、裁判官が３名、裁判員が６名の計９名から構成され、最終的な評決は双方を含む多数決によって行われます。ちなみに、裁判員裁判における裁判員の精神的負担が問題の一つとして取り上げられており、今後公認心理師の活躍の場としても期待されています。

◆再犯予防に努める刑務所・社会内処遇

　刑務所に収容される受刑者は、その性別や性格などに応じて分類され、各刑務所に収容されます。懲役刑では特定の作業が課されますが、それ以外にもさまざまな更生プログラムが用意されています。そこで重要な役割を果たしているのが、**法務教官**や**心理技官**です。これらの専門職の中にはすでに臨床心理士資格を持っている人も多く、今後は公認心理師を持った法務教官や心理技官が増えていくと予想されます。

　現場では**再犯予防**のために最大限の努力が払われていますが、満期で出所した受刑者のうち、再び刑事施設へ収容される者は約６割にのぼり、この問題をどう解決するべきかが大きな課題となっています。

　一方、刑の執行が猶予された者や仮釈放された者には「**保護観察**」が行われます。「保護観察」とは、社会の中でその人たちの更生を目指す制度で、**保護観察官**や**保護司**が定期的に面会し、ルールが守られているかを確認したり、再犯予防のために働きかけたりします。なお、この保護司は地域の「篤志家」、いわゆるボランティアです。

◆少年に対する刑事司法制度

　少年に対しては、少年法の規定により、罰するよりも更生と健全な育成のための「**保護主義**」の立場に立った対応をとることが基本とされています。また、重大な犯罪によって刑事事件となる場合においても少年ゆえの特別の措置がとられます。

　罪を犯した、あるいはその疑いのある少年を発見した者は家庭裁判

表7-1 保護処分の種類

保護観察所の保護観察	少年を施設へ収容せず、従来通りの生活を送らせる中で、更生を図るもの。保護観察官や保護司が定期的に少年と面会する
児童自立支援施設または児童養護施設への送致	児童自立支援施設または児童養護施設に収容し、その施設での生活を通して更生を図るもの。2つの施設はどちらも児童福祉法に基づく施設で、「児童自立支援施設」は、不良行為をしたりそのおそれのある児童、家庭の生活環境上、生活指導を要する児童などの自立を支援する施設であり、「児童養護施設」は、保護者のいない児童や虐待を受けている児童などを入所させる施設
少年院への送致	少年院に収容し、更生と再犯防止を図るもの。少年院は刑務所と同じような施設と誤解されることが多いが、あくまでも将来の更生のための施設であり、再犯率を下げるための効果的な施設でもある

所に通告しなければならないとされています。家庭裁判所は通告を受けて調査を行いますが、この調査を担うのは、家庭裁判所調査官と少年鑑別所です。少年鑑別所では、原則的に2週間の間、本人や非行や犯罪に影響を及ぼした環境の状況を明らかにした上で、家庭裁判所の審判の際に適切な指針を与えるものとされています。

◎家庭裁判所での審判

家庭裁判所は家庭裁判所調査官による調査や少年鑑別所における鑑別の所見などの調査を踏まえて、少年への対応を決定（**審判**）します。この審判で、都道府県知事または**児童相談所長への送致**とするか、検察官への送致とするか、あるいは不処分か、**保護処分（表7-1）**かの決定をしなければなりません。なお、保護処分を決定するために、家庭裁判所は必要に応じて家庭裁判所調査官の観察に付すことができます。

◎少年に対する刑罰の緩和

刑法の規定のとおり、14歳以上の少年には刑事責任が追及され、

刑罰が科される可能性があります。けれども、「少年」の特質を踏まえ、少年に対する刑罰は全体に1ランク緩やかにするような変更が加えられています（**表7-2**）。

表7-2 少年に対する刑罰の緩和

罪を犯したとき18歳に満たなかった者	死刑と無期刑が緩和される。成人での死刑に該当する罪の場合は無期刑となり、無期刑に該当する場合は有期の懲役または禁錮とする。この場合、10年以上20年以下の範囲において言い渡される
無期の懲役または禁錮で少年を処罰する際	無期ではなく定期刑が言い渡される

◆ストーカー行為規制法

恋愛感情などのもつれがその後の刑事事件（殺人や暴行など）へ発展することを防ぐために制定されたのが、ストーカー行為規制法です。

ストーカー行為規制法では、**つきまとい行為**（ファックスやメール送信も含まれる）などを同一の相手に反復して行うことを「ストーカー行為」としています。ただし、身体の安全や居住の平穏などを著しく害される不安を覚えさせるような行為に限定されている場合がほとんどです。

このような反復してつきまとい行為を行う者に対して、警察本部長や都道府県公安委員会は**警告**や**禁止命令**を発することができるとされています。

◆DV（ドメスティック・バイオレンス）防止法

配偶者からの暴力は、暴行罪や傷害罪など、刑法上の犯罪に当たる行為です。けれども、「家庭」という密室内で行われるために発見が難しく、しかも、配偶者間で「暴力→反省→許し→再暴力」の悪循環がある場合も少なくありません。このような悪循環の背景には、DV被害に遭う側（多くの場合は妻）に経済的な自立の道が閉ざされていることなどがあります。そのためDV防止法では、DVの防止とともに、

被害者の保護と自立支援についても定めています。

◆刑法における性犯罪規定の改正

2017年6月に刑法の性犯罪の規定が改正され、性犯罪の考え方が根本的に変更されました。従来の「強姦罪」から今回の改正で新たに制定されたのは、**「強制性交等罪」**と**「監護者強制わいせつ・強制性交等罪」**です。強制性交等罪とは、13歳以上の者（男女を問わない）に対する暴行または脅迫によるどのような形の性交も処罰の対象としたものです。また、「監護者強制わいせつ罪」とは、18歳未満の者に対し、現に監護（養育）する者がその影響力を利用して強制わいせつまたは強制性交等罪を犯す犯罪です。

（2）その他、公認心理師に関連の深い法律と制度

公認心理師はその資格の汎用性から、さまざまな職場に勤務することになります。そしてその職場ごとに関連する法律が異なる場合があるため、それぞれの法律を熟知している必要があります。

以下に一覧の形で示します（**表7-3～7-6**）。

表7-3 に関する主な法律と制度

法律・制度の通称	主な内容
医療法	医療を受ける者の利益を保護し、良質で適切な医療を効率的に提供する体制を確保することを目的とし、医療機関の開設や管理などについて定める法律
精神保健福祉法	精神障害者の医療および保護、社会復帰や自立、社会経済活動参加への支援などを定める法律
自殺対策基本法	自殺者の減少を目指して平成18（2006）年に制定。自殺に追い込まれる人を防ぎ、遺族を支援することを目的とした法律
母子保健法	母子の健康保持増進を図るため、妊産婦指導、新生児の訪問指導、母子健康手帳の交付などを定める法律
介護保険制度	社会全体で高齢者の介護を支える制度。住み慣れた地域で、最後まで自分らしい暮らしを続けるための、地域包括ケアシステムが提唱されている

表7-4 福祉分野に関する主な法律

法律の通称	主な内容
児童福祉法	「児童の権利に関する条約」の精神に基づいて、児童の権利を保障し、国民や保護者、国、地方公共団体の責務を定める法律。「適切に養育されること」「生活が保障されること」「愛され保護されること」「心身の健やかな成長や発達、自立が図られること」などが規定されている
老人福祉法	老人の心身の健康の保持、および生活の安定と福祉を図ることを目的とする法律。この法律の定める主たる事業は「老人居宅生活支援事業」である
児童虐待防止法	児童への虐待の禁止とその予防、早期発見、虐待された児童への支援などを定めている法律（PART 6参照）
発達障害者支援法	発達障害のある人の心理的機能の適正な発達や社会生活を支援する法律。特に18歳未満の発達障害児については、早期発見とともに、保育面や教育面からの発達支援を行うとされる
障害者差別解消法	障害者への社会的障壁を解消することを国や地方公共団体、事業者に義務づけ、障害者が自立するための社会的条件を整えるための法律
高齢者虐待防止法	65歳以上の高齢者に対する養護者（介護者や施設職員）による虐待を防止する目的で制定された法律
生活保護法	憲法25条の「社会権」に基づき、生活に困窮している国民に対して、最低限度の生活を保障する目的で制定された法律

表7-5 教育に関する主な法律

法律の通称	主な内容
教育基本法	憲法26条の「教育権」に基づき、教育の機会均等を実現するために、国や地方公共団体に種々の義務づけをしている法律
学校教育法	幼稚園から特別支援学校、大学、高等専門学校までの学校教育制度の根幹となる規定を定める法律。校長や教頭、教諭、養護教諭、事務職員を置くことなどを規定している
学校保健安全法	学校に在籍する幼児や児童、生徒、学生、および職員の健康増進を図るとともに、学校での安全確保のための安全管理を定める法律
いじめ防止対策推進法	PART 6参照

表7-6 労働に関する主な法律と制度

法律の通称	主な内容
労働基準法	労働者と使用者との合意を超えてその双方を規律する法律であり、賃金、労働時間、休暇、休日や有休休暇、安全衛生、年少者、妊産婦の労働その他について規定している。また、この法律の遵守のため、労働基準局や労働基準監督署が各地に置かれている
労働安全衛生法	職場における労働者の安全と健康を確保するとともに快適な職場環境の形成を促進することを目的とした法律。事業者に対し、安全衛生管理体制を確立し、労働者を危険や健康障害から守るための措置を講じることや、機械や危険物、有害物質の規制に従うこと、労働者の健康の保持増進を行うことなどの義務を課している。なお、2015年12月の改正により、労働者100名以上の組織ではストレスチェックテストを実施し、高ストレス者に対しては産業医面接を受けることを推奨することとなった
労働契約法	労働者と使用者との間で、労働とそれに対する賃金、さらに使用者の指揮命令に従って労働者は誠実に働くことなどを、当事者間で交わした労働契約によって決めなければならないと定める法律
障害者雇用促進法	障害者の雇用促進と差別の禁止、合理的配慮などを規定する法律
男女雇用機会均等法	雇用における男女の均等な機会と待遇の確保について定める法律。特に女性労働者に対してのセクシャルハラスメント防止のための措置、妊娠や出産に関するハラスメントの防止、妊娠中や出産後の健康の確保などについて定めている

法律のことはちょっと苦手だけれど、一つずつ覚えていかないとね

でも、その基本精神を理解すれば、そんなに難しくはないわね!!

7-4 心の健康教育に関する理論と実践

　ストレスの多い現代社会においては、老若男女を問わず、心身の健康を保持・増進し、さまざまな心身の疾患を予防することがとても大切です。そのために支援者として有益な情報を提供したり、健康保持・増進や予防に関する教育を十分に行ったりすることは、公認心理師の大切な役割です。心臓疾患と性格傾向やストレスとの関係性も実証されており、病気にならない生活習慣を持続させるためにも心理学的アプローチは有効です。

　予防は、**一次予防**（問題の発生自体を防ぐことを目指す）と**二次予防**（早期発見・早期介入を目指す）、**三次予防**（すでに問題を抱える人に対して、悪化や再発、さらなる不利益を防ぐことを目指す）の3種に分けられます。心の健康教育は、そのすべてにおいて重要な役割を果たすといっていいでしょう。

　個人を対象とした心の健康教育を実践する際、**心理教育**（情報を提供することによる知識教育など）をベースとしながら、**ストレス・マネジメント**（ストレスに対して、どのように対処するか）や**アンガーコントロール**（怒りのコントロールと発散法）などのスキルを修得し、それを個人の日常生活で使用することができるように方向づけることも、その一環といえるでしょう。また、アルコール使用障害など、その回復に周囲の理解や協力を必要とするケースでは、十分な心理アセスメントを行うとともに、クライエントのみならずクライエントの家族への心理的支援も重要です。

　近年は、現在健康な場合であっても、その健康度をより高めることを目指す「ヘルスプロモーション」（Health Promotion）と呼ばれる

活動の重要性も高まっています。この面でも、公認心理師の活躍の場面は広がっています。

●著者紹介

福島 哲夫（ふくしま・てつお）

明治大学文学部日本文学科卒業、慶應義塾大学大学院博士課程単位取得満期退学。1999年より、大妻女子大学人間関係学部専任講師を経て、現在は大妻女子大学人間関係学部社会・臨床心理学専攻および大学院臨床心理学専攻教授。人間関係学部長。また、2014年より成城カウンセリングオフィスを開設し若手・中堅臨床心理士とともに実践にも励む。

研究領域と実践の中心は、ユング心理学ならびに「その人その人に合わせたさまざまな心理療法（カウンセリング）を、工夫して適用する統合的心理療法」とその指導。

[主要著書・訳書]

『第1回　公認心理師試験問題解説』（監修、2019年）学研メディカル秀潤社

『公認心理師標準テキスト　心理学的支援法』（共編著、2019年）北大路書房

『公認心理師必携テキスト』（共編、2018年）学研メディカル秀潤社

『臨床現場で役立つ質的研究法』（編著、2016年）新曜社

『記憶心理学と臨床心理学のコラボレーション』（共著、2015年）北大路書房

『変容する臨床家』（共訳、2013年）福村出版

『臨床心理学入門』（共著、2013年）有斐閣

『ユング心理学でわかる「8つの性格」』（単著、2011年）PHP研究所

『新世紀うつ病治療・支援論』（共編著、2011年）金剛出版

『事例でわかる心理学のうまい活かし方』（共著、2011年）金剛出版

『心理療法のできることできないこと』（共編、1999年）日本評論社

編集協力／MICHE Company, LLC
カバーイラスト・作画／神崎 真理子
シナリオ制作／松尾 陽子

マンガでやさしくわかる公認心理師

2019年4月30日　　　初版第1刷発行

著　者——福島 哲夫
　　　　　　©2019 Tetsuo Fukushima
発行者——張 士洛
発行所——日本能率協会マネジメントセンター
〒103-6009　東京都中央区日本橋2-7-1　東京日本橋タワー
TEL　03(6362)4339(編集)／03(6362)4558(販売)
FAX　03(3272)8128(編集)／03(3272)8127(販売)
http://www.jmam.co.jp/

装　丁——ホリウチミホ（ニクスインク）
本文DTP——株式会社明昌堂
印刷所——広研印刷株式会社
製本所——株式会社三森製本所

本書の内容の一部または全部を無断で複写複製（コピー）することは、
法律で認められた場合を除き、著作者および出版者の権利の侵害となり
ますので、あらかじめ小社あて許諾を求めてください。

ISBN 978-4-8207-2723-1　C0011
落丁・乱丁はおとりかえします。
PRINTED IN JAPAN

\明日の仕事が楽しくなる！/
JMAM「マンガでやさしくわかる」シリーズ

経営
- マンガでやさしくわかる起業
- マンガでやさしくわかる起業のための事業計画書
- マンガでやさしくわかる経営戦略
- マンガでやさしくわかる事業計画書
- マンガでやさしくわかる事業戦略
- マンガでやさしくわかる中期経営計画の立て方・使い方
- マンガでやさしくわかるCSR
- マンガでやさしくわかる貿易実務
- マンガでやさしくわかる貿易実務 輸入編
- マンガでやさしくわかるU理論
- マンガでやさしくわかるコトラー
- マンガでやさしくわかるブルー・オーシャン戦略
- マンガでやさしくわかる学習する組織

法律・会計
- マンガでやさしくわかる試験に出る民法改正
- マンガでやさしくわかるファイナンス
- マンガでやさしくわかる会社の数字
- マンガでやさしくわかる決算書
- マンガでやさしくわかる日商簿記3級
- マンガでやさしくわかる日商簿記2級

役割・部門・業界の仕事
- マンガでやさしくわかる課長の仕事
- マンガでやさしくわかる経営企画の仕事
- マンガでやさしくわかる経理の仕事
- マンガでやさしくわかる人事の仕事
- マンガでやさしくわかる総務の仕事
- マンガでやさしくわかる病院と医療のしくみ

子育て・家族
- マンガでやさしくわかる親・家族が亡くなった後の手続き
- マンガでやさしくわかるアドラー式子育て
- マンガでやさしくわかるパパの子育て
- マンガでやさしくわかるモンテッソーリ教育
- マンガでやさしくわかる子育てコーチング
- マンガでやさしくわかる男の子の叱り方ほめ方
- マンガでやさしくわかる小学生からはじめる論理的思考力
- マンガでやさしくわかる中学生・高校生のための手帳の使い方

心理
- マンガでやさしくわかるNLP
- マンガでやさしくわかるNLPコミュニケーション
- マンガでやさしくわかるアサーション
- マンガでやさしくわかるアドラー心理学
- マンガでやさしくわかるアドラー心理学 人間関係編
- マンガでやさしくわかるアドラー心理学2 実践編
- マンガでやさしくわかるアンガーマネジメント
- マンガでやさしくわかるメンタルヘルス
- マンガでやさしくわかるレジリエンス
- マンガでやさしくわかる傾聴
- マンガでやさしくわかる心理学
- マンガでやさしくわかる成功するNLP就活術
- マンガでやさしくわかる認知行動療法
- マンガでやさしくわかる公認心理師

ビジネススキル
- マンガでやさしくわかるチームの生産性
- マンガでやさしくわかる6時に帰るチーム術
- マンガでやさしくわかるPDCA
- マンガでやさしくわかるインバスケット思考
- マンガでやさしくわかるゲーム理論
- マンガでやさしくわかるコーチング
- マンガでやさしくわかるファシリテーション
- マンガでやさしくわかるプレゼン
- マンガでやさしくわかるプログラミングの基本
- マンガでやさしくわかるマーケティング
- マンガでやさしくわかる業務マニュアル
- マンガでやさしくわかる仕事の教え方
- マンガでやさしくわかる資料作成の基本
- マンガでやさしくわかる統計学
- マンガでやさしくわかる部下の育て方
- マンガでやさしくわかる法人営業
- マンガでやさしくわかる問題解決
- マンガでやさしくわかる論理思考

生産・物流
- マンガでやさしくわかる5S
- マンガでやさしくわかる生産管理
- マンガでやさしくわかる品質管理
- マンガでやさしくわかる物流